AXELS REI
BA...

Der allerbeste

~~Ein~~ Comic-Roman

den du je gelesen hast!

AXELS REISETAGEBUCH

Eine verrückte Reise mit meiner Familie und wie ich sie überlebte - gemeint ist die Reise, nicht die Familie! 😉

Alle Infos zu Axel und seinen Büchern
findest du auch unter
www.axels-reisetagebuch.com

AN DIE UNENTSCHLOSSENEN:
„Früher war ich unentschlossen, heute bin ich mir da nicht mehr so sicher."
Am besten du liest das Buch selbst und machst dir deine EIGENE Meinung davon! Wenn du aber noch unentschlossen bist, ob mein Tagebuch das Richtige für dich ist, können dich vielleicht meine Promi-Freunde überzeugen. Das HÄTTEN berühmte Schriftsteller-Kollegen geschrieben, **wenn** sie mein Tagebuch gelesen **hätten**:

William Shakespeare
Axel ist ein Meister der Sprache. So etwas Gutes habe ich noch nicht gelesen! Sein oder nicht Sein, das ist hier nicht die Frage! BRAVO!

Johann Wolfgang von Goethe
Dieses Buch MUSS man einfach gelesen haben. Ich bin fast etwas neidisch, dass MIR so etwas nicht eingefallen ist.

Friedrich Schiller
Mir hat Goethe dieses Buch (auf Twitter) empfohlen. Echt spitze! Selten so gelacht!

Wilhelm Busch
Also, ich wollte diesen Hype um Axels Reisetagebuch nutzen, um meine **eigenen** Bücher hier zu bewerben. Leider kein Platz mehr auf der Seite. Wieso bin ich eigentlich als Letzter gefragt worden ... Na gut, ich finde Axels Bücher unglaublich lustig und kann sie dir wirklich empfehlen. So Axel, ich hab es gesagt, wo bleiben meine zehn Mäuse? Her mit der Kohle!

Vorwort:

Meine Hauptmotivation bestand darin, dieses Buch SO zu schreiben, dass es Kinder GERNE lesen. Deshalb sollte es auch eine Erzählung VON einem Kind FÜR ein Kind werden. Mit lustigen Themen, für die sich Kinder und Jugendliche WIRKLICH interessieren!

Daher ist diese Geschichte, mit all den witzigen Fakten und Ideen, GEMEINSAM mit meinem Sohn entstanden.

Wir hoffen, dass wir euch diese Story so erzählen können, dass ihr das Buch bis zur letzten Seite nicht mehr weg legen könnt.

Übrigens: Bücher erreichen Stellen, da kommt der Fernseher gar nicht hin! Und dein Handy schon gar nicht!

Viel Spaß wünscht euch

                              Axel Ferentinos

P.S. Wer Rechtschreibfehler findet, darf sie auch behalten.

Dieses Buch widme ich euch, den Leserinnen und Lesern. Ohne euch, gäbe es dieses Buch auch nicht! Danke!

Ach, was ich noch sagen wollte: Ihr wisst schon, dass es natürlich sinnvoller wäre, Band 1 und 2 VOR Band 3 zu lesen, oder?

Alle Axels Reisetagebuch Bände:
Band 1 - Los geht´s!
Band 2 - Geht´s jetzt endlich los?
Band 3 - Ich lebe noch!
Band 4 - Das glaubt mir keiner!
Band 5 - Was? Noch immer nicht vorbei?

Das Motto dieses Buchs:
„Woher soll ich wissen, was ich denke, bevor ich gehört habe, was ich sage."

Nebenwirkungen:
Doch Vorsicht! Ich warne ausdrücklich davor, dass dieses Buch erhebliche Spuren von Sarkasmus, Ironie und eigener Meinung enthalten kann und zu akuten Lachanfällen führen wird. Bei allergischen Reaktionen bitte nicht mehr weiterlesen!

KAPITEL 1: GREAT BRITAIN – HERE WE COME

Heute sind wir durch den Eurotunnel, von Frankreich nach Großbritannien gefahren. Die Vorstellung, 40 Meter unter dem Meeresboden 50 Kilometer durch einen Tunnel zu fahren, war echt cool. Auf der anderen Seite waren wir dann endlich in **Jolly Old England** angekommen. Folgendes haben wir uns für London vorgenommen:

Unsere London Highlights:

1) Die **Queen** kennenlernen. Mit der ganz geringen Wahrscheinlichkeit, dass sie mich NICHT kennenlernen will, ihr zumindest mal zuwinken.

2) **Royal Guards** nerven. Die Wachen dürfen sich angeblich keinen Millimeter bewegen.

3) In einem **Doppeldeckerbus** ganz oben und vorne mitfahren.

4) Aus einer alten roten Telefonzelle (wie Dr. Who) telefonieren. Ihr kennt Dr. Who, oder? Sonst unbedingt gleich anschauen!

5) Die Uhr nach Big Ben stellen.

6) Teatime mit Scones.

7) Von der Towerbridge runterspucken.

8) In das Comic Museum gehen.

9) Im London Eye mitfahren.

10) Im Madame Tussauds Wachsmuseum Prominente begaffen.

11) Der berühmten Folterkammer London Dungeon entkommen!

Im London Dungeon:
Fangen wir doch mal ganz hinten an: Der London Dungeon ist ein Gruselkabinett in London. Da kann man sich über die blutige Geschichte Englands, der vergangenen tausend Jahre informieren. Verkleidete Schauspieler erschrecken die Besucher, wozu auch das Anniesen durch eine vermeintlich pestkranke Frau zählt. Ronnie wusste natürlich mal wieder nicht, was die Pest war. Als ich sie aufklärte, dachte sie doch wirklich, dass sie jetzt angesteckt und krank sei!

Ich habe sie einen ganzen Tag schwitzen lassen, bevor ich ihr die Wahrheit gesagt habe!
Meine liebe, leichtgläubige Ronnie!
Warum freut sich Ronnie so, wenn sie ein Puzzle nach 6 Monaten fertig hat?
Weil auf der Packung steht: 2-4 Jahre.

Den Zwillingen haben es hauptsächlich die Folterwerkzeuge angetan. Sie fragten mich wieso die Folter abgeschafft wurde, also machte ich **eine Axels Top Five Liste mit Gründen:**

1) Verdächtige gaben ALLES zu, auch die unsinnigsten Taten.

AAAAAH, AUUUUA! BITTE AUFHÖREN. ICH GEBE ALLES ZU! ICH BIN EIN ZAUBERER UND HABE URSULA IN EINEN FROSCH VERWANDELT.

HAAH? Was geht ab? Ich bin doch nicht die Ursula. Aber egal, wenn ich schon mal da bin: Mann mit Frosch auf'm Kopf geht zum Arzt. Sagt der Frosch: „Doktor, ich bin da anscheinend in was reingetreten."

2) Jeder wurde dauernd wegen jeder Kleinigkeit gefoltert.

So, mein Lieber. Das war das letzte Mal, dass du die Pfefferoni auf der Pizza vergessen hast.

Ein Folterknecht-Witz:

Fragt ein Folterknecht den anderen: „Wie viele hast du denn im Verlies?" Meint der andere: „35 und ein paar Zerquetschte!"

3) Die Folterknechte beschweren sich wegen der langen Arbeitsstunden und dem Stress.

So, mein Lieber! Ich habe nun Feierabend. Du musst jetzt alleine weitermachen!

4) Weil den Folterknechten langsam die neuen Ideen ausgingen.

So, du willst nicht reden? Das haben wir gleich. Vielleicht sprichst du ja, wenn wir das Mousse au Chocolat heute ohne zusätzlichem Sahnehäubchen servieren. HAHAHA

5) Weil die Kundenzufriedenheitsbewertungen „überraschenderweise" leider nicht besonders gut ausfielen.

Im **Wachsmuseumkabinett** von Madame Tussauds sind alle wichtigen Stars und prominenten Persönlichkeiten als Wachsfiguren ausgestellt. Zumindest lässt man uns das glauben. Vielleicht sind's ja die echten Promis, die sich mal etwas dazu verdienen wollen?

Gründerin des Museums war übrigens Marie Tussaud (hieß eigentlich Grosholtz?!), genannt „Madame Tussaud".

Ihr Handwerk erlernte sie angeblich bereits mit 17 Jahren. Übrigens, wenn euch das jetzt zu gruselig wird, bitte beim nächsten Absatz weiterlesen. Sagt nicht, ich hätte euch nicht gewarnt!

Also, während der Französischen Revolution wurden ja den Verurteilten an der Guillotine die Köpfe ... naja, wie soll ich es jetzt vorsichtig ausdrücken ....
Ach, was soll's, ich bringe es auf den Punkt: **Man hat ihnen die Köpfe abgehackt!** So, jetzt habe ich es gesagt! Und genau diese Köpfe hat damals Madame Tussaud aus Wachs nachgebildet und ausgestellt.

Ziemlich makaber, oder?!

Mit ihrer Wanderausstellung zog sie mehrere Jahre durch Großbritannien und eröffnete dann 1835 ein eigenes Museum in London für ihre Ausstellung.

Am 18. März 1925 gingen bei einem Brand und später dann während des Zweiten Weltkriegs, einige der Portraitfiguren verloren.

Das war mir aber egal weil, ... ich ENDLICH mein Bild mit der **Königin** bekam.
Und mit Spiderman, Bruce Willis, Julia Roberts, Angelina Jolie & Will Smith. Es war einfach SUPER! Und die Fotos wirkten so echt!

Als die Zwillinge fragten, woraus die Figuren sind, sagte Mama es wäre Ohrenwachs. Es gebe eigene kleine Käfer, die darauf spezialisiert sind, das nötige Wachs aus den Ohren zu holen. Besonders bei Kindern, die ihre Ohren nicht oft genug putzen. Nun haben die Zwillinge Angst vor Käfern, die ihnen nachts in die Ohren krabbeln.

Die berühmten Ohrenwachskäfer:

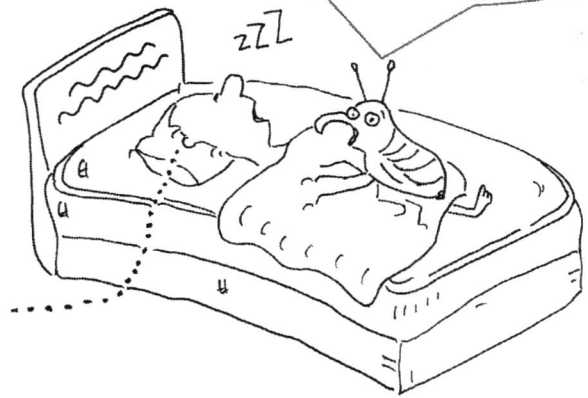

Ob denn die Figuren schmelzen würden, wenn jemand die Heizung hoch dreht, fragte Ronnie!

Gute Frage!

Anschließend fuhren wir mit einem typischen Londoner **Doppeldeckerbus** durch die City. Ich weiß nicht, was wir uns erwartet haben, aber irgendwie war das einfach nur Busfahren. Also ziemlich langweilig!

Der Busfahrer meinte, ich solle während der Fahrt nicht mit ihm sprechen. Dann hielt ich ihm einen Zettel vor's Gesicht. War auch wieder falsch!
Hey, Fahrer! Nicht auf'm Gully parken, sonst kommen die Turtles nicht raus!

Vom **London Eye** hatten wir einen genialen Überblick über die gesamte Stadt. Das London Eye ist mit einer Höhe von 135 Metern das höchste Riesenrad Europas.

Es steht im Zentrum von London, am Südufer der Themse und gilt als eines der Wahrzeichen der britischen Hauptstadt.

Mama bildete sich während der Fahrt ein, es würde quietschen und das machte sie furchtbar nervös. Ich glaube inzwischen, dass die Zwillinge das Geräusch verursachten, um Mama die ganze „Ohren-Käfer" Sache heim zu zahlen. Man legt sich besser nicht mit ihnen an!

Was ist das nur für ein Geräusch? Hört ihr das auch?

Quietsch, Quietsch, Quietsch

Als wir dann bei den **Royal Guards** mit ihren Bärenfellmützen (also der Leibwache der Königsfamilie in London) vor dem Buckingham Palast ankamen, machten wir alle eine Wette darüber, ob sich der Soldat innerhalb der nächsten 10 Minuten bewegen würde oder nicht. Länger wollten wir nicht warten – wäre dann doch etwas langweilig geworden. Also, grundsätzlich müssen die Soldaten stramm stehen und sind dafür berühmt, nicht mal zu blinzeln.

So sah also die Wette aus:

„Rührt sich nicht!", sagten Papa, Mama und ich!

„Rührt sich!", sagte Ronnie (weil sie nicht mal wusste, dass die Garde eigentlich still stehen muss) und die Zwillinge (die sich nicht vorstellen konnten, dass jemand länger als 30 Sekunden bewegungslos blieb).

Papa, Mama & ich gewannen die Wette natürlich. Blöd nur, dass wir keinen Wetteinsatz fixiert haben.

Big Ben: Ronnies Kommentar zum Big Ben: „Wieso hat der Ben keine Digitalanzeige?"

Echt jetzt, Ronnie?

Runterspucken von der **Tower Bridge** – gecheckt. War jetzt nicht wirklich eine Challenge.

Dafür war die **tea time**, die sich Mama eingebildet hat, eine Challenge. Nämlich eine Challenge wach zu bleiben, während der wohl langweiligsten 65 Minuten (das sind ganze 3.900 Sekunden!) meines Lebens. Wir besuchten dafür extra ein ganz feines Teehaus. Übrig geblieben aus dem 19. Jahrhundert. Die Kellner und Kellnerinnen schienen AUCH alle bereits in Rente zu sein, so langsam bewegten sie sich.

Kleiner Kellner-Witz als Pausenfüller gefällig?
Ein glatzköpfiger Herr im Restaurant: „So eine Sauerei. Hier ist ein Haar in meiner Suppe."
Der Kellner: „Denken Sie für den Preis gibt's ne Perücke?"

Überall saßen alte Menschen und schlürften ihren noch älteren Tee.

Und kauten an uralten Waffeln herum. Das Durchschnittsalter lag bei 100. Die Menschen meine ich, nicht die Waffeln!

Weil mir so langweilig war, noch ein Witz:
Oma macht sich fertig, um mit dem Rad wegzufahren.
Fragt die kleine Emma: „Wo fährst du denn hin?"
„Zum Friedhof, mein Kind."
„Und wer bringt das Rad wieder nach Hause?"

Sogar den Spinnen in den Spinnennetzen wurde langweilig:

Alter, ist das fad! Ich erzähle euch einen Witz: Was bestellt der Kannibale im Restaurant? „Einen Ober bitte!"

GÄHN

Gut, die hatten ALLE nicht mehr wirklich was vor. ABER ICH! Es war zum Verrücktwerden. Zum Haare ausraufen. Mama genoss das Ganze. Ich glaube, sie wollte eigentlich nur ausprobieren, wie weit sie gehen konnte, bis einer von uns wahnsinnig wird und die Wände hochgeht.

Weil wir so lange geblieben waren, war dann auch das Comic Museum bereits geschlossen. GRRRRRR!

KAPITEL 2: STRANGE THINGS HAPPEN ...

Papa ist überzeugt davon, dass diese „Denglisch Sprüche" super lustig sind und ich sie in meinem Tagebuch aufschreiben soll. Na gut, dann mache ich es halt:

1. Ich denk ich spinne - I think I spider.
2. Mein Englisch ist unter aller Sau - My English is under all pig.
3. Da wird ja der Hund in der Pfanne verrückt - There the dog becomes crazy in the pan.
4. Eine sehr gute Eselsbrücke - A very good donkey bridge.

Irgendwie bin ich mir nicht so sicher ob die Sprüche so lustig sind. Was sagt ihr?

So, nun komme ich zum eigentlichen Thema zurück: Unglaublich aber wahr — ich habe folgende seltsamen Bräuche und Gesetze aus England für euch aufgetrieben:

Briefmarken falsch geklebt — Hochverrat!
Klebt man eine Briefmarke, auf der der Kopf der Queen gedruckt ist, verkehrt herum auf Brief- oder Postkarte, so bricht man das Gesetz. Es wird als Hochverrat gewertet, wofür man sogar die Todesstrafe erhalten kann! Dieses Gesetz gilt seit 1848 und wurde nie offiziell aufgehoben.

Die Queen hat 2 Geburtstage!
Weil das britische Wetter so unvorhersehbar ist, feiert die Königin jedes Jahr zwei Geburtstage. Da es am 21. April noch kalt sein kann, findet die offizielle Geburtstagsfeier der Königin am zweiten Samstag im Juni statt. Bekommt sie dann zwei mal Geschenke? Etwas kindisch, oder?

Schotten schießen erlaubt – aber nicht am Sonntag?!
Im kleinen Örtchen York in England ist es noch heute erlaubt, einen Schotten, der Pfeil und Bogen mit sich trägt, zu erschießen. Außer jedoch an einem Sonntag, dann machst DU dich strafbar.

Keine Socken tragen!
Es ist illegal, ohne Socken in einem Umkreis von 90 Metern um die Königin zu stehen. Pass also auf, wie du dich kleidest, solltest du die Queen besuchen wollen. Das haut ja wirklich jeden von den Socken!

Sterben nicht erlaubt!
Es ist strengstens verboten im Britischen Parlamentsgebäude zu sterben. Wie man für diesen Gesetzesbruch jedoch seine Strafe erhält, ist aber unklar.

KAPITEL 3: GLÜCK UND PECH

Vor einigen Tagen habe ich meinen Glücksbringer, eine Münze die mir Papa mal vor langer Zeit geschenkt hat, verloren. Ich habe ganz Renate auf den Kopf gestellt, nur finde ich sie einfach nicht. Nachdem ich jeden anderen beschuldigt habe, meine Glücksmünze gestohlen zu haben, fühlte ich mich SO verloren. So vom Glück verlassen. **Wie VERFLUCHT.**

Meine Glücksmünze war ein Teil von mir, hat mir das Pech vom Hals gehalten und mir auch viele schwierige Entscheidungen abgenommen.
- Kopf für Pommes oder Zahl für Reis –
  Münze werfen – Pommes – Super!

- Kopf für Büffeln oder Zahl für Schummeln?
  Münze werfen – Schummeln – genau was ich hören wollte!

Meine Glücksmünze wusste halt auch immer, was gut für mich war. Jetzt ist sie weg und ich muss ALLE Entscheidungen selbst fällen.

Auf die Frage „Jetzt lernen oder erst zocken und dann büffeln?", schaut das jetzt so aus:

Also, Axel, lieber jetzt mal in Ruhe zocken und später kannst eh etwas lernen und dich vom Gamen ausruhen. Und wer weiß – vielleicht kommt was dazwischen und du musst GAR nichts mehr büffeln!

Ach lieber Axel, höre doch nicht auf ihn. Er hat nur Blödsinn im Kopf. Wobei, wenn ich so nachdenke: Etwas zocken wäre jetzt wirklich genau das Richtige!

Ich habe KEINE Ahnung, was ich jetzt machen soll. Dann kommt noch dazu, dass ich das Gefühl habe, als würde mich das Pech GERADEZU verfolgen. Also dachte ich in der letzten Zeit etwas über Glück und Pech nach. Was ist Pech eigentlich?

Hallo, ich darf mich vorstellen: Ich heiße Pech! Herr Pech um genau zu sein! Ich zeige euch jetzt ein paar Beispiele was ich so kann!

Herr Ludwig, der eigentlich gar nicht auf die Kreuzfahrt mitkommen wollte:

Mahlzeit!

Echt jetzt? Was denn noch?

MMMH. Gleich gibt´s Mittagessen!

Peter hätte manchmal einfach seinen Mund halten sollen:

Herr Müller, als seine Pechsträhne letzten Dienstag los ging:

KAPITEL 4: AB NACH BONNIE SCOTLAND

Für alle die es interessiert: Im Jahr 2007 gab Schottland 125.000 Pfund (also über 145.000 Euro) aus, um einen neuen nationalen Werbeslogan zu entwickeln. Der Gewinnerbeitrag lautete: „Welcome to Scotland" – „Willkommen in Schottland". Wahnsinnig kreatives Völkchen, oder? Ich freute mich trotzdem erst recht auf Schottland. Folgendes habe ich für euch gecheckt:

Meine Wissens-Highlights:

1) Klar an erster Stelle – Gibt es das Ungeheuer von Loch Ness wirklich?
2) Was tragen die Schotten unter ihren Röcken?
3) Wie lange kann man einem Bagpipe-Spieler zuhören ohne verrückt zu werden?

Bitte hab Erbarmen und hör auf. Ich halt's nicht aus! Kein Wunder, dass ich mich nie blicken lasse!

4) Warum ist das Einhorn das Nationaltier Schottlands?
5) Wie geizig sind Schotten wirklich?
6) An wie vielen Tagen im Jahr regnet es in Schottland NICHT?
7) Und woraus besteht Haggis wirklich?
8) Welcher Schottenwitz ist wohl der Beste?

Gibt es das Ungeheuer von Loch Ness wirklich?
Also, ihr seid sicherlich schon wahnsinnig gespannt auf meinen wissenschaftlichen Bericht zur Existenz vom Ungeheuer von Loch Ness. Das Ungeheuer von Loch Ness, auch Nessie genannt, soll ein Tier sein, dass im Loch Ness, einem See (See = Loch auf Schottisch) in der Nähe der Stadt Inverness lebt.

Nessie wird üblicherweise als Plesiosaurier beschrieben, mit einer Länge von bis zu 20 Metern. Plesiosaurier sind Reptilien, die von der späten Obertrias bis zum Ende der Kreidezeit im Meer gelebt haben und (angeblich) gleichzeitig mit den Dinosauriern ausgestorben sind. Die erste bekannte Erwähnung des Seeungeheuers ist auf das Jahr 565 datiert.

Die meisten Wissenschaftler erklären die Berichte über Nessies Existenz allerdings als absichtliche Falschmeldungen. Nessie ist nämlich eine wichtige Einnahmequelle, da der See eines der Hauptziele für den Tourismus in Schottland ist.

Lustig: Seit 1934 existiert für den Fall, dass das Ungeheuer von Loch Ness tatsächlich DOCH existiert, ein Gesetz, das Nessie unter Naturschutz stellt.

Dann kürzen wir es gleich mal ab: Das Ungeheuer von Loch Ness gibt es! 100 Prozentig! Garantiert! Kann doch gar nicht anders sein! Ich habe nämlich IMMER Recht. Ich dachte mal, dass ich nicht Recht hätte, aber da lag ich falsch.

Warum auch nicht? Nur weil man keinen einzigen Beweis hat? Es existieren viele Dinge in dieser Welt, von denen es keinen Beweis gibt (siehe meine Ausführungen zu den Außerirdischen in diesem Band). Also mich haben die vielen Beweise, dass es KEIN Loch Ness Monster geben soll, genau vom Gegenteil überzeugt. Nämlich, dass eine Verschwörung im Gange ist, die wahre Existenz von Nessie zu verdecken.

Wenn du meiner Logik nicht folgen kannst, dann ist das DEINE Schuld. Und AUS! Tut mir leid, dass ich dich unterbreche, aber du musst mich mit jemanden verwechseln, den das interessiert.

Es gibt übrigens Menschen, die finden mich arrogant. Ich weiß gar nicht, woher die das wissen wollen ... Ich rede doch gar nicht mit denen!

Tragen die Männer unter ihren Schottenröcken wirklich keine Unterhosen?
Ihr könnt selber mitstimmen:

Ja 〇
Nein 〇

So, und wie glaubt ihr sollte ICH es denn für euch herausfinden? Nachschauen? Ich bin doch nicht lebensmüde! Gehen wir einfach davon aus, dass ALLE recht haben! Wir müssen ja nicht jedes Geheimnis lüften! Manche Rätsel sollen wirklich ungelöst bleiben!

Warum ist das Einhorn das Nationaltier von Schottland?

In der keltischen Mythologie war das Einhorn ein Symbol der Reinheit und Unschuld, sowie der Männlichkeit und Stärke. Echt jetzt? Männlichkeit? Na ja, sieht jeder anders …

Wie lange kann man einem (oder mehreren) Bagpipe Spieler(n) zuhören, ohne verrückt zu werden?

Also nun zum Bagpipe, auf Deutsch Dudelsack. Es klingt, als würde man einen Sack voller zorniger Katzen quälen. Da ist es übrigens auch schon egal, ob man EINEN Sack oder MEHRERE Säcke voller Katzen quält. Das Ergebnis ist dasselbe! Die Musik ist echt höllisch – außer man ist Schotte. Dann hat man wahrscheinlich irgendetwas in seinen Genen (oder an den Ohren!) und findet das Gedudel sogar gut. Aber für ALLE anderen Menschen ist es die pure Hölle.

Ach was, sogar für **die Hölle wären das zu viele Qualen.**

Hör mal zu, mein Lieber. Das kannst du dir gleich abschminken. Was zu viel ist, ist zu viel. Ich will hier keine Beschwerden.

Die Antwort zur Frage „Wie lange kann man einem Bagpipe Spieler zuhören, ohne verrückt zu werden?", ist somit eigentlich ganz einfach: GAR NICHT! Wenn man die Musik mag, MUSS man bereits ziemlich verrückt sein.

Dazu ein Witz: „Warum laufen Dudelsackspieler beim Musizieren herum?"
„Weil bewegliche Ziele schwerer zu treffen sind."

Sind die Schotten wirklich so geizig?
Kann ich dir sofort beantworten: Warum sollte es denn sonst so viele Witze darüber geben, wenn kein Funke Wahrheit dabei ist?

Los geht's ...
Ein Schotte probiert in der Feinkostabteilung im Supermarkt ALLE Käsesorten. Schließlich entscheidet er sich für einen Emmentaler.
Fragt der Verkäufer: „Wie viel darf es denn sein?" Der Schotte: „Nur ein kleines Würfelchen. Es ist für eine Mausefalle!"

Und weiter ...
„Meine Frau ist eine waschechte Schottin!", prahlt der frisch verheiratete Mann. „Gestern hat sie das Wasser im Aquarium gewechselt und heute gibt es bei uns Fischsuppe."

Und noch einer:
Ein Schotte isst zusammen mit einem Bekannten in einem teuren Restaurant.
Als der Kellner mit der Rechnung kommt, tönt es vom Schotten her laut: „Die Rechnung bezahle ich!"
Schlagzeile der Zeitung am folgenden Tag: „SCHOTTE ERWÜRGT BAUCHREDNER!"

Kennst du den?
Ein Schotte ärgert sich über eine Fliege, die in sein Bier gefallen ist. „Na warte," schreit er die Fliege an, „den Schluck wirst DU schon selber bezahlen!"

Und jetzt komme ich zu meinem Lieblingswitz:
Der Schotte Paul McFiddich sitzt am Sterbebett seines Vaters: „Dad, ich muss jetzt dringend zurück in den Laden, um nach dem Rechten zu sehen. Wenn du merkst, dass es zu Ende geht, denk bitte daran, die Kerze auszupusten."

Geizig? Wer, ich? Nein! Höchstens etwas sparsam! Glühbirne? Haah? Was ist ein Glühbirne?

An wie vielen Tagen im Jahr regnet es in Schottland NICHT?
Weil es laut den Schotten eigentlich nur zwei Jahreszeiten in Schottland gibt: Juni & Winter, ist die Frage mit den Regentagen in Schottland schnell geklärt.

Woraus besteht Haggis wirklich?
Kommen wir also zum Haggis: Haggis ist … bitte nur weiterlesen, wenn du einen starken Magen hast … eine Spezialität aus der schottischen Küche und besteht aus dem Magen eines Schafes, der mit Herz, Leber, Lunge, Nierenfett vom Schaf, Zwiebeln und Hafermehl gefüllt wird. IGITT. HAFERMEHL – Alter, wer isst so etwas freiwillig!

Ja, ich weiß, wir Bären sind Allesfresser. Aber Haggis? Das ist doch etwas viel verlangt, oder?

Wenn nur nicht Hafermehl drinnen wäre!

KAPITEL 5: HOMESCHOOLING MIT RONNIE

Mama hatte es heute satt die Zwillinge zu unterrichten, also bat sie Ronnie das kurz zu übernehmen. Das lief dann so:
Lukas fragte: „Ronnie, wo liegt Portugal?"
„Weiß nicht."
„Ronnie, woraus bestehen Schneeflocken?"
„Weiß nicht."
„Warum brauchen Pflanzen Sonnenlicht?"
„Häh? Pflanzen brauchen Sonnenlicht?"
„Ronnie, warum werden wir älter?"
„Keine Ahnung!"
„Und wieso haben Giraffen so lange Hälse?"
„Ich weiß nicht."
„Warum dreht sich die Erde?"
„Keinen Schimmer."
„Warum müssen Kinder in die Schule?"
„Keine Ahnung."
„Ronnie, stört es dich, wenn ich immer frage?"
„Nein, frag nur, sonst lernst du ja nie was!"

Ohne Kommentar!

KAPITEL 6: IRLAND

Soll ich dir einen coolen Witz sagen?

Ja.

O.k.: „Einen coolen Witz."

Heute sind wir mit einer Fähre nach Irland, der grünen Insel, übergesetzt.

Erstmal einige total uninteressante Dinge über Irland:

Es hat noch nie Schlangen auf Irland gegeben. Eine Insel zu sein, war dabei sehr hilfreich. Die Schlangen, die Großbritannien bewohnen, waren nie in der Lage, das Wasser zu überqueren!

LANGWEILIG!

In Irland regnet es IMMER. Die traurige Realität ist, dass das gar nicht so falsch ist. Im Sommer 2007 hat es zum Beispiel 40 Tage lang geregnet! Das wäre die Hölle für Papa – er dreht schon nach einem Tag durch und meckert andauernd, als wäre es etwas Persönliches gegen IHN!

Halloween, wie wir es heute kennen, stammt eigentlich aus dem alten keltischen Fest von

Samhain, als die Menschen Lagerfeuer entzündeten und gruselige Kostüme trugen, um unwillkommene Geister abzuwehren. Samhain ist ein altes gälisches Wort, das übersetzt „dunklere Hälfte" bedeutet und somit den Beginn des Winters markiert.

Muckanaghederdauhaulia. Hört sich an wie ein Schimpfwort – so heißt aber ein kleines Dorf in Irland. Es ist der längste Ortsname in Englisch mit 22 Buchstaben. Versuch mal, das fünfmal schnell zu sagen ... oder auch nicht, weil's eigentlich eh egal ist.

Ronny bat mich eben ihr einen Lippenbalsam zu reichen. Ich gab ihr versehentlich Superkleber. Sie spricht immer noch nicht mir mir.

So, und nun zur einzigen echt interessanten Sache, die ich in Irland recherchieren wollte: Sind Kobolde (auf englisch leprechaun) echt?
Also, der Kobold gilt auch in Irland generell als Fabelwesen. Aber alte irische Geschichten überliefern, dass dieser kleine Unruhestifter echt ist. Geschichten über Kobolde werden seit

Generationen weitergegeben und besagen, dass das Einfangen dieser kleinen Kreaturen neben drei Wünschen, auch Glück bringt.

Manche meinen, dass jeder Kobold der erwischt wird, einen Topf voll Gold abgeben muss. Also halte ich mal die Augen offen. Seitdem ich meine Glücksmünze verloren habe, kann ich jedes Glück brauchen, das mir über den Weg läuft.

Ein ganzer Topf Gold — Mann, was soll ich da noch sagen?

Wo leben eigentlich Kobolde?
Der Kobold kommt angeblich nur in Irland vor, in ländlichen Gebieten abseits der Städte. Tief eingegraben in unterirdischen Höhlen mit Eingängen, die als Kaninchenlöcher getarnt sind, oder in einem hohlen Baumstamm eines Feenbaums, finden sie Sicherheit vor goldgierigen Menschen wie mir.

Aber das wirklich spannende an dieser Geschichte ist, dass es eigentlich total viele Menschen gibt, die das echt glauben.

Also wirklich – in real life! Es gibt sogar eigene Internetseiten die einem erklären, wie man einen Kobold anlockt und wie man sich verhalten soll, wenn man ihn einfängt.

Hier ist eine Anleitung die ich gefunden habe, falls ihr das mal ausprobieren wollt:
1. Suche nach abgelegenen Plätzen im Garten und setze deine Falle.

2. Lege ein Schmuckstück in die Falle, um den Kobold anzulocken. Versuche es mit einem Ohrring. Goldmünzen sollen ebenfalls gute Köder für Kobolde sein.

Ich dazu: Also wenn ich eh schon Goldmünzen habe, was brauche ich dann noch einen Kobold?

3. Stelle die Kiste in eine Ecke und warte, bis der Kobold nach dem Köder schnappt.

4. Kobolde sind hinterhältig. Die Regel lautet: Wenn du einen Kobold gefangen hast, darfst du ihn nie aus den Augen lassen, oder er verschwindet.

Sogar die Lieblingsspeisen von Kobolden sind nachzulesen. Falls du wie vorher beschrieben ein paar Kobolde fängst und die dann verköstigen musst.

Also, Kobolde essen verschiedene Arten von Wildblumen, Nüsse, Kartoffeln und Pilze. Sie genießen auch ausgefallene, hausgemachte Getränke und zu bestimmten Anlässen trinken sie Löwenzahntee. Aber bitte Bio ...

TIPP: Selber pflücken ist angesagt, nichts aus dem Supermarkt!

Du kriegst mein Gold sicher nicht, Axel!

Kobolde tragen übrigens Grün und wenn du ebenfalls diese Farbe trägst, bist du für Kobolde unsichtbar.

Hier ist übrigens ein Bild von mir, wie ich Grün trage – wenn du es nicht siehst, bist DU ein Kobold.

Und aus! Du schuldest mir einen Topf voll Gold und drei Wünsche! Her damit!

Übrigens – morgen sind wir wieder weg und ich habe keinen einzigen Kobold gesehen. Schade um den selbstgepflückten Tee! Gestern dachte ich schon, ich hätte einen gefunden. Das war aber nur ein etwas kleiner alter Mann, der nicht gerade sehr begeistert war, als ich ihn dauernd „leprechaun" nannte und einfangen wollte.

Lass mich gefälligst in Ruhe, Axel. Ich bin doch kein Kobold!

KAPITEL 7: IRGENDWO IN FRANKREICH

Frage: Wenn man sich vornimmt, den ganzen Tag nichts zu erreichen und das dann auch schafft, hat man dann doch etwas erreicht?

Wir haben Irland über Großbritannien verlassen und sind jetzt wieder in Frankreich unterwegs. An einem Campingplatz, irgendwo und nirgendwo in Frankreich. Da möchte ich die Gelegenheit nutzen, um euch etwas über Campingplätze und Camper zu erzählen. Gewisse „Campingtypen" findet man nämlich überall. Wenn man also an einem Campingplatz ankommt, muss man GENAU darauf achten, neben wem man sich stellt und welche Nachbarn man lieber meidet! Ihr könnt mir später danken!

Typ A: Die Schreihälse:
Das sind DIE Menschen, die mit lauten Stimmen zur Welt gekommen sind und diese nie abgelegt haben. Sie haben nie gelernt, leiser zu sprechen und schreien immer noch wie hilflose Babys. Auf so einem Campingplatz bekommt man ALLES von solchen Nachbarn mit. Jedes Geräusch und jeden Streit.

Auch recht persönliche Sachen, die man eigentlich nicht mitbekommen möchte.

Wer hat da schon wieder das Klo verstopft?

Ich war das nicht! MEINS schaut anders aus! GANZ anders!

Kurzer Witz: Hält ein Mann neben einer Frau an der Kreuzung. Lässig lässt er das Fenster runter. Die Frau lässt auch ihr Fenster runter und lächelt ihn an. Der Mann lächelt zurück und sagt: „Na, haben Sie etwa auch gefurzt?"

Du hast schon wieder gefurzt! Ich hab's doch genau gehört!

Da redet die Richtige! Meine Furze stinken wenigstens nicht so gemein wie deine!

Heute bist du dran, den Mistkübel rauszutragen!

Manche Leute brüllen, weil sie den Klang ihrer Stimme lieben:

Der empörte Ehemann: „Bei diesem Sauwetter soll ich den Müll raus tragen? Da jagt man ja keinen Hund auf die Straße!"
Erwidert seine Frau: „Ich hab ja auch nicht gesagt, dass du den Hund mitnehmen sollst!"

Manche Leute haben aber auch eine normale Zimmerlautstärke verlernt:

Ich kann DICH nicht hören. DU musst lauter schreien!

Ich kann dich AUCH nicht hören. DU musst schon lauter SCHREIEN!

Typ B: Familien mit Baby
Manche Babys sind ja super und süß, andere dagegen entwickeln sich gerade zum Typ A (Schreihals) und brüllen durchgehend. Tag und Nacht! In der Früh sind die Väter und Mütter dann völlig fertig.

Ob sie sich das im Vorhinein so vorgestellt haben?

Kennst du den?
„Schatz, gibst du mir bitte das Baby?"
„Wir müssen warten bis es weint."
„Häh, warum?"
„Weil ich nicht weiß, wo ich es hingelegt habe."

TYP C: Die Sauberkeits-Fanatiker

Nicht dass ich gegen Sauberkeit wäre. Ich mag es eigentlich auch recht sauber und ordentlich. HAH – reingelegt! Ihr Opfer! Mich interessiert Ordnung und Sauberkeit genauso wenig wie jeden anderen 10-Jährigen. Und da haben wir auch das Problem. Manche Sauberkeits-Pinsel putzen Ihren ganzen Wohnwagen und Vorplatz JEDEN Tag und dagegen wirkt unsere Renate natürlich schmutzig und unordentlich. Das regt dann Mama wieder auf und sie zwingt uns zum Aufräumen und Putzen! Ich behaupte, wer Ordnung hält, ist nur zu faul zum Suchen.

Mama: „Hey, los geht's, die Pflicht ruft!"
Ich: „Sag ihr, ich ruf zurück!"
Danke VIELMALS LIEBE NACHBARN!

Kennst du den?
„Willst du nicht mal wieder richtig putzen? Hier rennen schon so kleine Dinger rum!"
„Aber Hallo! Das sind doch meine Kinder!"

Dann gibt's natürlich noch weitere Camping Typen ... Manche wollen wirklich auf ALLES vorbereitet sein:

Bist du sicher, dass wir wirklich ALLES mithaben Schatzi? Ich habe das Gefühl wir haben etwas vergessen!

Manche legen darauf weniger Wert:

Was ist denn so schlimm daran, wenn man einen Monat lang die selbe Unterhose an hat?

Manche haben all ihre Haustiere mit:

Hoffentlich fällt Bello beim nächsten Schlagloch raus!

Manche wollen dagegen ihr Haustier gerade los werden:

Manche sind nicht gerade freiwillig und erst seit kurzem unterwegs:

Ob Mama und Papa bald wieder zurückkommen, Hänsel?

Bin mir da irgendwie nicht so sicher, Gretel!

Manche sind bereits etwas länger unterwegs:

Hurra! Wie lange muss ich noch?

Jetzt leben wir schon seit über 60 Jahren im Wohnwagen!

Manche „Camper" haben nicht genug Stauraum:

Geht das etwas schneller, Paul? Du hältst uns ziemlich auf!

Manche mehr als genug:

HALLO! HALLO? Ute! Wo ist die Küche? Ich finde sie schon wieder nicht! Ute?

Manche kennen sich beim Campen recht gut aus:

Manche eher weniger:

Kennst du den schon?
Sherlock Holmes und Dr. Watson zelten. Mitten in der Nacht wird Dr. Watson von Sherlock Holmes geweckt.
Holmes: „Was sehen Sie, Dr. Watson?"
Watson: „Ich sehe Sterne am Himmel."
Holmes: „Und was schlussfolgern Sie daraus?"
Watson: „Dass es im Universum unglaublich viele Planeten und sicherlich intelligentes Leben gibt."
Holmes: „Quatsch - man hat uns gerade das Zelt geklaut."

Dieses Kapitel beende ich mit folgendem weisen Spruch: „Nimm das Leben nicht zu ernst. Da kommt sowieso niemand lebend raus."

KAPITEL 8: DAS UNHEIMLICHE LOCH

Wir haben ein Loch neben unserem Camping-Stellplatz entdeckt, das jede Nacht immer etwas größer wurde. Während wir alle anfangs noch dachten, es wäre ein Mäuseloch, sind wir inzwischen schon nicht mehr so sicher. Das Loch ist einfach schon ZU groß! Was denn da wohl drinnen lebt?

Folgende Möglichkeiten fielen uns ein:
Ronnies Theorie: Eine Familie von nachtaktiven Zyklopen-Maulwürfen mit Stacheln am Rücken, lebt im Untergrund und ernährt sich von unseren Abfällen.

Kommt Kinderchen, ich rieche schon den leckeren Abfall! Aber rührt den Gemüseauflauf von der Magda nicht an! Ihr wollt euch doch den Magen nicht verderben!

Zwillinge: Eine Familie von freundlichen, friedlichen Wesen, die mit uns (also hauptsächlich mit den Zwillingen) spielen wollen.

Ich will ihnen ja nicht unnötig Angst machen, aber in Wirklichkeit ist es ein ... **RIESIGER MONSTERWURM,** der uns inklusive Renate verschlingen wird und nur darauf wartet, dass Vollmond ist. Zufällig werden Monsterwürmer NUR zu Vollmond aktiv, die restliche Zeit schlafen sie friedlich und verdauen ihre letzte Camper-Mahlzeit.

Obwohl Mama und Papa anscheinend immer noch überzeugt sind, dass es nur ein etwas groß geratenes Mäuseloch ist (wie naiv!), sind wir sicherheitshalber lieber umgezogen und haben Renate auf einen anderen Stellplatz gestellt. Sollen doch andere Camper am eigenen Leibe rausfinden, was da unten WIRKLICH lebt. Gestern zog bereits ein Paar auf dem alten Stellplatz, neben dem Monsterloch ein. Als ich dann heute vorbei schaute, waren sie bereits spurlos verschwunden. Mysteriös, oder?

Das letzte Bild der Opfer:

BRÜLLL! Wo ist denn Axel nur hin? Was? Weg? Dann fresse ich euch stattdessen!

Sag mal Gerhard, hast du das gespürt. Als ob die Erde beben würde!

KAPITEL 9: SCHNELL WEG IHR FRÖSCHE UND SCHNECKEN: MAMA HAT HUNGER!

Treffen sich zwei Schnecken an der Straße. Will die eine auf die andere Straßenseite.
Sagt die andere: „Vorsichtig - in einer Stunde kommt der Bus."

In Frankreich zählen Frösche und Schnecken als Delikatessen. Das ist jetzt KEIN Scherz, sondern leider wirklich so. Habe ich nicht erfunden. Die so kultivierten Franzosen essen Dinge, die ich nicht mal anfassen würde. Weil Mama aber unbedingt typisch französische Gerichte kosten wollte, landeten wir in einem Spezialitätenrestaurant, wo man das auch auf der Speisekarte hatte.

Wir bestellten alle Pizza, aber Mama ließ sich nicht von uns abhalten und nahm als Vorspeise Schnecken und als Hauptspeise Froschschenkel. Wenn noch kandierte Mäuseaugen als Nachspeise auf der Karte gestanden wären, hätte Mama die wahrscheinlich auch noch bestellt. „Bei ihrem Essen fehlt Mama nur noch einen Hexenkessel!", scherzte Papa und versuchte die Stimmung zu retten. Keiner lachte!

> Du hattest völlig recht, Schnecki. Wir stehen da wirklich auf der Speisekarte!

Der Kellner fragt Ronnie, ob er die Pizza in 6 oder 12 Stücke schneiden sollte? Darauf antwortete Ronnie: „Schneiden Sie die Pizza in 6 Stücke, 12 würde ich nicht schaffen!" Keiner lachte, obwohl das ja wirklich aufgelegt war! So schlecht war die Stimmung!

Also Froschschenkel heißen „Cuisse de Grenoulle" und Schnecken „Escargots". Nur damit ihr sie nicht mal aus Versehen bestellt, weil ihr denkt es sind Pommes.

Dann kam der Kellner zu uns und sagte, die Froschschenkel wären leider aus. Wir jubelten. Also bestellte Mama eine DOPPELTE Portion Schnecken, NUR um es uns zu zeigen.

Mama kann manchmal echt wahnsinnig stur und eigenwillig sein. Wenn sie sich etwas in den Kopf

gesetzt hat, gibt es da kein Zurück:
Mama dazu: „Ich bin nicht stur, sondern nur meinungsstabil."

Mama zum Thema Meinungsaustausch:
„Meinungsaustausch ist, wenn du mit deiner Meinung zu mir in die Küche kommst und diese mit meiner Meinung wieder verlässt. Das nenne ich Meinungsaustausch!"

Letztens in einem Persönlichkeitstest:
„Auf einer Skala von 1 bis 10, wie gerne nehmen Sie an Diskussionen teil?"
Darauf Mama: „Geht auch 11?"
„Nein."
Mama: „Warum nicht?"

Als unsere Pizza und ihre Schnecken kamen, stürzte sich Mama mit ihrer kleinen Zange auf die noch kleineren Dinger. Sie hatte sich viel vorgenommen: Zwei voll beladene, riesige Teller mit Schnecken-Bergen.

Bei der ersten Schnecke konnten wir schon sehen, dass sie ihr eigentlich nicht wirklich schmeckten. Nun hatte sie aber gegen unser Flehen ihre Entscheidung gefällt, JETZT musste Mama sie auch durchziehen und das wusste sie auch. Also flutschte eine Schnecke nach der anderen in ihren Mund. Ihr Gesicht wurde dabei von Schnecke zu Schnecke immer grüner! Bald sah sie schon selber wie eine Schnecke aus!

Von UNS war natürlich kein Mitleid zu erwarten. Bei der 20sten Schnecke (ich hatte mitgezählt) stöhnte sie leise, rülpste dafür laut, hielt sich die Serviette vor dem Mund und lief weinend auf's WC. Eins wussten wir: Mama würde niemals wieder Schnecken essen! Sie hatte ihre Lektion gelernt!

Oh, Mon Dieu! Es hat Marcel, Pierre, Lisa und Henri erwischt!

Wir kommen zu spät!

Um die Stimmung wieder etwas aufzulockern, ein kleiner Schnecken-Witz:
Eine Schnecke mit blauem Auge trifft eine andere Schnecke.
Fragt die andere Schnecke: „Warum hast du denn ein blaues Auge?"
Meint die andere: „Ich krieche so und plötzlich springt ein Pilz aus dem Boden!"

Und noch einer:
Der Bewohner einer Wohnung im fünften Stock, entdeckt im Blumenkasten auf seinem Balkon, eine Schnecke. Er schmeißt sie vom Balkon auf die Straße. Nach zwei Jahren klingelt es an der Tür. Er macht die Tür auf. Da steht die Schnecke und sagt: „Alter, was sollte die Aktion?"

Und noch ein letzter:
Die Schneckenmutter geht einkaufen und fragt ihr Schneckenkind: „Soll ich dir etwas mitbringen?"
„Ja, einen Joghurt bitte."
Zwei Wochen später kommt die Schneckenmutter nach Hause und fragt: „Erdbeere oder Kirsche?"

KAPITEL 10: ZURÜCK IN DIE STEINZEIT

Frankreich: Heute schauen wir uns die berühmten Höhlenmalereien von Lascaux an. Am 12. September 1940 entdeckten vier Jugendliche den Eingang zu einer Höhle und fanden darin faszinierende Malereien.

Was haben die Jugendlichen eigentlich wirklich in der Höhle gesucht? Sicherlich keine Höhlenmalereien! Wahrscheinlich wollten sie nur ihre Ruhe von den Eltern haben. Und dann haben die Malereien plötzlich alles versaut und jeder kannte ihr Versteck!

Also, in dieser jungpaläolithischen Höhle gibt es Malereien, die frühe Menschen vor 17.000 Jahren an die Wände gemalt haben. Sie haben natürlich das gemalt, was sie so gesehen haben und das waren damals hauptsächlich Tiere. Riesige Tierherden haben sich damals auf den Ebenen im Südwesten Frankreichs von den Menschen porträtieren lassen.

Nein Ronnie, die hatten noch keine Kameras und mussten deswegen alles mit der Hand malen!

Was ist der Unterschied zwischen kostenlos und umsonst?
Meine Schulbildung ist kostenlos, Ronnies umsonst.

Ronnie letztens zu Mama: „Mein Lehrer hat echt keine Ahnung. Immer fragt der MICH."

Vor kurzem wurde ein Wurm im Permafrost (also im ewigen Eis) Sibiriens entdeckt. Dieser Wurm war 24.000 Jahre lang gefroren, wurde dann von Wissenschaftlern aufgetaut und lebte einfach weiter. Als wäre nichts gewesen!

Gigantisch! Die letzten Menschen, die der Wurm gesehen hat, haben noch in Höhlen gelebt! Total verrückter Gedanke — wie leben WIR wohl in 24.000 Jahren, was wird sich inzwischen verändert haben?

Vielleicht leben wir ja wieder in Höhlen?

Anfangs war ich von den Malereien in der Höhle echt beeindruckt. Bis Papa anfing, herum zu blödeln und wir dann nur noch Witze über die

Künstler und ihre Jahrtausend alte Werke gemacht haben. Ich weiß, wir sind eben Kulturbanausen!

Papas Witz:

Mache mich dünner! Und vor allem jünger!

Echt jetzt?

Mamas Witz:

So schauen seine blöden Elefanten-Bilderchen doch gleich viel schöner aus!

61

Ronnies Witz:

Dabei wissen wir, dass es genau umgekehrt war! So ein Angeber!

Die Zwillinge:

Wie oft muss ich es dir noch sagen? Hör auf die Wände zu beschmieren! So, und nun ab in dein Zimmer ... ähm ... deine Höhle!

Nochmal Papa:

So, das war's. Ich bin schon fertig mit meiner Lebensgeschichte! Was male ich jetzt?

Mein Witz:

Ich sag's dir immer wieder Karli. Irgendwann mal werden die Menschen behaupten, SIE hätten die Bilder gemalt.

HEUTE GROSSE ERÖFFNUNG!
MODERNE KUNST VON BÄR KARL
WILLKOM

Wieso trage ich eigentlich dauernd meine Keule herum?

Was ist mit euren Manieren los? Wir sind doch keine primitiven Höhlenmenschen!

Zieht eure Schuhe aus und tragt mir keinen Dreck in die Höhle!

Ich will nicht campen gehen! Die Höhle ist schon schlimm genug!

Ziemlich crazy, oder?

Das Bild poste ich! Wie viele Likes ich wohl bekomme?

Xanucar Robali Unda garnizu! *

* Übersetzung der Geheimsprache der Zwillinge: „Echt cool, die Steinzeit!"

Wir als Höhlenfamilie

Wer sagt denn, dass die Menschen in der Steinzeit keinen Humor hatten? **Zwei echte Steinzeit Witze**, die man vor kurzem an einer Höhlenwand gefunden hat:

Zwei Freundinnen unterhalten sich über ihre Männer: „Du, sag mal, was stört dich eigentlich so sehr an Uga?"
„Er kaut an den Nägeln, das ist ekelig!"
„Ach, das ist nicht so schlimm. Das machen doch viele."
„Klar, aber doch nicht an den Fußnägeln!"

Ein kleiner Fuchs hockt vor dem Bau. Da hoppelt der Hase vorbei und fragt: „Ist dein Papa daheim?"
„Nein."
„Deine Mama?"
„Nein."
„Aber sicher deine Geschwister?"
„Ich habe keine Geschwister."
Da baut sich der Hase vor dem Fuchs auf: „Was is - willste paar auf's Maul haben?!"

KAPITEL 11: DIE MUTANTEN FAMILIE

Wir waren heute wandern und gerieten an ein Wespennest. Also eigentlich geriet Ronnie ins Nest und WIR mussten es alle ausbaden. DAAAAANKE RONNIE!

Die Rache der Wespen war fürchterlich. Sie haben uns alle gestochen. Ronnie in den Hintern, der so anschwoll, als hätte sie eine dritte Pobacke. Mama und Papa in die Hände. Sie konnten nichts mehr angreifen, ohne vor Schmerzen zusammenzuzucken.

Mich ins Ohr – ja, ihr habt richtig gelesen – ins rechte Ohr! Mein Ohr bekam gleich noch ein eigenes Ohr. Es tat zum Glück nicht weh, ich sah nur tagelang lächerlich aus!

Nur die Zwillinge wurden verschont. Ich glaube die Wespen hatten genug Opfer und ließen deshalb von ihnen ab. Oder sie waren verwirrt und dachten, sie sehen doppelt?!

KAPITEL 12: DIE UNSCHULDIGEN KLEINEN

Heute erzählten uns Mama und Papa Anekdoten aus Ronnies und meiner frühen Kindheit, an die wir uns nicht mehr erinnern konnten. Ich habe ein paar davon aufgeschrieben:

Als ich so drei Jahre alt war, ging Mama mit mir in ein Geschäft. Dort sah ich eine wirklich SEHR dicke Frau und konnte nicht mehr wegschauen. Ich starrte sie sozusagen in Grund und Boden. Das fiel Mama natürlich auf und es war ihr peinlich. Als sie mich bat, nicht ganz so offensichtlich hin zu starren, fragte ich sie besorgt, ob denn die Frau in dem Geschäft lebte? Dann so laut, dass es JEDER, natürlich auch die betroffene Dame noch hören konnte: „Aber wie soll die Frau JEMALS wieder durch die Tür passen?" Ich wollte nicht gemein sein, ich war wirklich besorgt!

Ronnie: „Mein kleiner Bruder wird Mittwoch getauft." – „Mittwoch? Blöder Name!"

Ronnie: „Opa, wie lang bist Du schon mit Oma verheiratet?"
Opa: „Ganze vierzig Jahre, Ronnie!"
Ronnie: „Und wie lange MUSST Du noch?"

Papa rauchte noch, als Ronnie zur Welt kam und hörte auf, als Ronnie so vier Jahre alt war. Er machte eine große Sache daraus, dass er keine Zigaretten mehr rauchte und seine Sucht nun überwunden hatte. Im Kindergarten erzählte Ronnie jedem, dass sie so stolz auf Papa war, weil er jetzt keine Drogen mehr brauchte!

Ronnie als vierjährige im Zoo: „Schau mal Papa, was für ein hässlicher Gorilla."
Papa: „Nicht so laut, wir sind erst an der Kasse!"

Als Mama mit mir schwanger war, erzählte sie Ronnie, dass ihr Bauch so groß sei, weil da ein Baby drinnen ist. Nach einigen Tagen zeigte Ronnie auf unseren damaligen Nachbarn, Herrn Müller, der auch etwas füllig war und schrie lautstark: „Schau Mama, der Mann hat auch ein Baby! Aber in seinem Popo!"

Ronnie: „Papa, kannst du mit geschlossenen Augen schreiben?"
Papa: „Ja, ich denke, dass ich das kann."
Ronnie: „Ok, dann unterschreib mal bitte mein Zeugnis."

Mama hatte Schwierigkeiten mich dazu zu bekommen, genug zu trinken. Also sagte sie dann immer so etwas wie „Wenn du trinkst Axel, macht mich das glücklich." Als wir mal bei Oma zu Besuch waren, sagte ich gleich zu ihr: „Trinken macht Mama glücklich!" Seitdem vermutet Oma, dass Mama ein kleines Alkoholproblem hat.

Als ich noch klein war, las mir mein Papa zum Einschlafen immer Märchen vor. Eine gestrichene Stunde später, öffnete Mama die Tür und fragte leise: „Ist er eingeschlafen?" Da antwortete ich: „Ja, endlich. Sei leise, damit du ihn nicht weckst, Mama!"

Als ich noch in der ersten Klasse war, wollte ich meiner Lehrerin, die an dem Tag eine gepunktete Bluse trug, ein Kompliment machen. „Frau Jahn, Sie sehen so hübsch aus heute, wie ein Clown!" Kam irgendwie nicht so gut an!

Lehrerin: „Ronnie, was hast du da im Mund?"
Ronnie: „Einen Kaugummi."
Lehrerin: „Sofort in den Papierkorb!"
Ronnie: „Auch den Kaugummi?"

Ich hatte früher Angst vor der Zahnfee! Sie war mir deswegen so richtig unheimlich, weil ich etwas falsch verstanden hatte. Ich war nämlich der Meinung, dass sie nicht NUR die ausgefallenen Zähne mitnahm, sondern auch gleich ein paar weitere stibitzte, die noch fest steckten. Ich konnte mir irgendwie auch nicht vorstellen, was die gruselige Zahnfee mit den ganzen Zähnen anfing. Hatte sie eine lange Kette mit Zähnen, wie eine Trophäe um den Hals gebunden?

Als ich dann einen Vorderzahn verlor, wollte ich natürlich nicht, dass die Zahnfee das merkt. Also versuchte ich, es tagelang geheim zu halten und hörte ganz auf zu sprechen. Bis Papa mich endlich aufklärte. Ich finde die Zahnfee aber immer noch etwas unheimlich. Die Frage mit der Zahnkette steht ja noch im Raum ...

Komm schon, Axel. Gib' mir schon deine Zähne. Oder muss ich sie mir holen?

Dann gab Mama noch etwas zu: Sie hatte Ronnie, bis sie so neun Jahre alt war, die Wahrheit über unseren Staubsauger verschwiegen. Ronnie saugte immer das ganze Haus und dachte, sie spielt eigentlich dabei mit ihrem „Elektro Elefant". Typisch Ronnie und ziemlich fies von Mama, ihre etwas einfältige Tochter so auszubeuten.

Bevor ich geboren wurde, fragte meine Mama: „Ronnie, möchtest du lieber ein Brüderchen oder ein Schwesterchen?"
„Och, wenn es nicht zu schwer für dich ist, Mutti, möchte ich am liebsten ein Pony."
Sie muss ziemlich enttäuscht gewesen sein, als sie mir einen Sattel umlegen wollte!

Papa als ich geboren wurde: „Schau Mal Ronnie, der Storch hat dir ein Brüderchen gebracht — willst du es sehen?"
Ronnie: „Später Papa — zeig mir erst mal den Storch!"

Ronnie sah immer zu, wenn ich gewickelt wurde. Einmal vergaß Mama den Puder. Da schrie Ronnie: „Halt!! Du hast vergessen ihn zu salzen!"

Kurz nachdem ich geboren wurde, fragte die
Lehrerin Ronnie, wie es mir so geht.
„Gut, aber ich glaube Mama will Axel verkaufen."
„Wieso?", fragte die Lehrerin entsetzt.
Daraufhin Ronnie: „Sie wiegt ihn schon jeden Tag
ab!"

Ronnie ganz aufgeregt: „Stell dir vor, Mama,
heute habe ich gleich vier Hufeisen gefunden.
Irgendwo rennt jetzt ein armes Pferd barfuß
herum."

Warum stellte Ronnie (bis vor kurzem) die Zahn-
pastatube auf ihren (eigenen) Kopf?
Auf der Packung steht: „Die Tube bitte auf den
Kopf stellen!"

Ja, ja, unsere Intelligenzbestie Ronnie. Da fällt
mir gleich noch folgende Geschichte ein:
Ben und Ronnie knobeln. Ben erklärt: „Jetzt
werfe ich das Geldstück hoch. Bei Zahl habe ich
gewonnen, bei Kopf verlierst du!"
Ronnie sagt nichts!!!
Ich denke mir: Das gibt´s jetzt einfach nicht,
oder?

Dazu eine Geschichte die einem Freund, dem Peter, angeblich als kleines Kind passiert ist:

Der kleine Peter ist mit seinem Vater im Geschäft einkaufen. Da ruft Peter laut: „Papa, ich muss voll pissen!"

Dem Vater ist das peinlich und er sagt: „Bitte benutze solche Wörter nicht. Wenn du auf die Toilette musst, sag einfach, du möchtest singen."

Am nächsten Tag bringt Peters Mutter ihn und seine Schwester ins Bett und erzählt den beiden noch eine Gute-Nacht-Geschichte. Auf einmal sagt Peter: „Mama, ich möchte gerne singen."

Da sagt seine Mutter zu ihm: „Aber Peter, es ist schon so spät und deine Schwester ist schon eingeschlafen. Mach das doch bitte morgen früh."
Da erwidert Peter: „Ich will aber dringend singen!"
Da sagt die Mutter: „Ok, aber nur ganz leise in mein Ohr."

KAPITEL 13: PORTUGAL, MENHIRE UND DIE ALIENS

Wir sind inzwischen in Portugal unterwegs. Heute waren wir in der Nähe der Stadt Évora. Dort stehen ganz viele große Menhire, also Hinkelsteine, in der Gegend herum. Ihr kennt ja solche Hinkelsteine aus Asterix und Obelix, aber die hier sind so 4.000 bis 5.000 Jahre alt und ihre Bedeutung ist bis heute nicht komplett aufgeklärt!

Ich habe meine eigene Theorie, wie sie dort hinkamen: Es waren natürlich ... die Aliens. Die Menhire waren eigentlich Kunstprojekte von Alien-Kindern, die im Werkunterricht gemacht wurden.

Pass doch auf Xultapi! Jetzt hast du schon wieder einen der kleinen Erdwesen zerquetscht!

Autsch! Das glaubt mir keiner!

Auweia. Das versaut mir jetzt die Note!

Hier weitere Kunstprojekte, die im Unterricht von Frau Xaptokitl (die damals eine der strengsten Lehrerinnen war) entstanden sind.

Und wenn ich schon dabei bin, den Aliens alles in die Schuhe zu schieben, dann kann ich jetzt so RICHTIG loslegen und euch mit der echten Wahrheit aufklären.

Großes Special: Was wir ALLES den Aliens zu verdanken haben und sämtliche Regierungen der Welt vor uns geheim halten wollen:

Erstens, die Pyramiden. Wurden klarerweise von einem Alien-Kind gebaut. Da gibt's gar keinen Zweifel! Dafür gab es auch einen Einser für den kleinen Xalapal, der als Klassenbester abschloss!

Mann, waren seine Eltern Xolina und Xelotl stolz!

Zweitens, die Statuen auf den Osterinseln. Note 2 für Xolaran. Begründung von Frau Xaptokitl: „Echt ausdrucksvolle Gesichter, aber wo bleiben die Körper?"

Drittens, die Nazca-Linien in Peru, Note 3 für Xalorat. Die Lehrerin meinte, er hätte ziemlich herumgeschmiert! Auch seine weiteren Kunstprojekte konnten Frau Xaptokitl nicht mehr überzeugen.

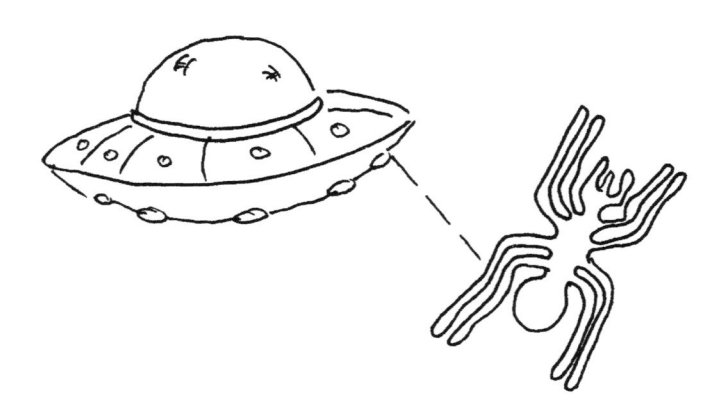

Weil es eigentlich schon wurscht ist, kann ich es euch ja sagen: Auch das „Gesicht am Mars" haben die Aliens gemacht. Das war der „Menschen porträtieren Kurs für Fortgeschrittene" bei Frau Xaptokitl im letzten Jahrgang.

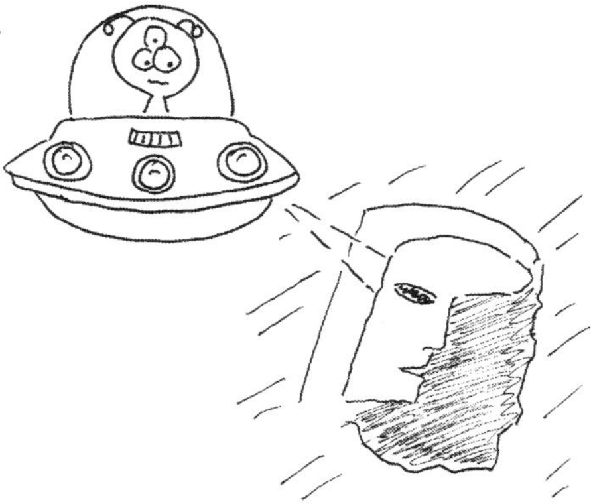

Xoliloa, Xaliona und Xolaloka am Jahrgangsabschlussfoto!

Frau Xaptokitl war besonders stolz auf ihren Schüler Xalapal!

Auch dem Hündchen von Xalalak hat es auf der Erde gut gefallen!

Xolarianah, der sich ins Foto gedrängt hat.

KAPITEL 14: WELLENREITEN FÜR ANFÄNGER

So, jetzt weiß die Welt endlich Bescheid! Verrückt? Wer – ich? Nein – Das hätten mir die Stimmen doch gesagt!

Wo war ich wieder – ach ja bei den Menhiren. War nicht gerade so der Burner dort. Eher so „einen Stein gesehen, alle Steine gesehen". Ronnie dazu: „Wie können die Menhire vor über 4.000 Jahren aufgestellt worden sein, wenn wir erst 2022 haben?" UFF!

Also fuhren wir weiter an den Strand! JEAAH! Endlich war die Zeit gekommen, die Badehose auszupacken und der Welt meinen Luxusbody zu zeigen. Wir suchten uns einen Campingplatz direkt am Strand aus und machten endlich Sommerurlaub, so wie ICH ihn mir vorstellte.

Ich mietete mir ein kleines Surfbrett und schmierte es wie empfohlen mit Wachs ein. Das machen Surfer, damit sie dann mit den Füßen einen guten Grip am Brett haben. Und weil MEHR immer besser ist, habe ich die ganze Tube auf dem Brett verteilt.

Anschließend paddelte ich raus zu den anderen Surfern, wo wir auf die großen Wellen warteten. Ich war noch niemals Wellenreiten gewesen, aber das fiel mir erst ein, als ich so 100 Meter vom Strand entfernt im Wasser dümpelte und neben mir die Super-Sportler und Sportlerinnen sah.

Alles über's Wellenreiten habe ich mir von Filmen abgeschaut. Aber was soll's, dachte ich mir, wird so schwer nicht sein. Bei denen hat's ja auch leicht ausgesehen.

Als ich mich dann endlich dazu entschied, die erste Welle zu nehmen, merkte ich leider etwas spät, dass sie eine Liga zu groß für mich war. Wellen sehen überhaupt ziemlich hoch aus, wenn man unten liegt und diese war RIESIG!

Ein wahres Monster!

Dann war's auch schon zu spät! Die Welle riss mich mit fort und schon ritt ich sie. Na gut, aufgestanden bin ich nicht. Aber ich hielt mich am Brett fest, als würde mein Leben davon abhängen (was es irgendwie auch tat) und schrie dabei die GANZE Zeit! Als ich dann endlich an den Strand angeschwemmt wurde, legte ich mich in den Sand und dankte dem Universum, dass ich überlebt hatte. Ich sah den anderen Surfern zu und dachte mir „Nie wieder!", als ich plötzlich dieses wunderbare Mädchen erblickte, die eine Welle ritt und dann langsam die letzten Meter zu mir rüber paddelte. Ich lächelte und sie kam zu mir und setzte sich.

Sie hieß Hanna und fragte mich, wie lange ich schon surfe. Als ich zugab, das erste Mal auf einem Surfbrett gewesen (nicht gestanden) zu sein, schmunzelte sie und meinte: „Mutig oder ziemlich doof SO eine Welle am ersten Tag zu probieren!"

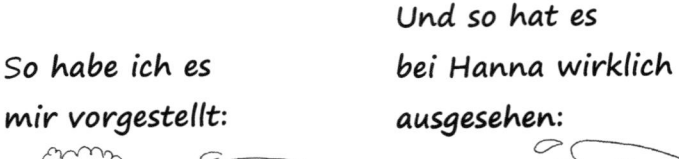

So habe ich es mir vorgestellt:

Und so hat es bei Hanna wirklich ausgesehen:

Während meine Brust vor Stolz anschwoll (ich hatte natürlich nur „Mutig" gehört und musste meinen Bauch sowieso einziehen), lud sie mich zu einer „Surferparty" am Abend am Strand ein. Sie würde hier auch mit ihrer Familie campen und es gebe jeden Abend am Strand coole Partys mit BBQ und Musik. Wir redeten lange so dahin und dann erzählte sie mir noch einen genialen Witz, den ich euch hier gerne weitergebe:

Endlich sind die beiden Teppichverleger mit dem großen Wohnzimmer fertig. Aber der neue Teppichboden hat in der Mitte noch eine Beule. „Das sind sicherlich meine Zigaretten", sagt der eine Arbeiter. „Ehe wir alles noch einmal rausreißen, treten wir die einfach platt."
Gesagt getan.
Da kommt die Dame des Hauses herein: „Ich habe Ihnen Kaffee gemacht. Und einer von Ihnen hat seine Zigaretten in der Küche liegenlassen. Ach übrigens, haben Sie unseren Hamster gesehen?"

Aber wieder zurück zur Party: Ich glaube nicht, dass ich jetzt hier erwähnen muss, dass ich natürlich zusagte.

Also verbrachte ich den weiteren Nachmittag damit, mir das Surfbrettwachs von meiner Brust zu rubbeln und mir den Sand aus jeder Ritze meines Körpers zu waschen. Anschließend habe ich gefühlte zwei Stunden damit verbracht, verschiedene Frisuren vor dem Spiegel auszuprobieren, um mich dann für den „zufällig strubbeligen" Look zu entscheiden. Eigentlich hatte ich eh noch Wachs vom Surfbrett in meinen Haaren und es ließ sich nicht mehr herauswaschen.

Als wir am Strand ankamen (Ronnie war auch dabei - allein darf ich noch nicht auf eine Party, meint Mama) war es schon dunkel. Ein großes Lagerfeuer brannte, ein DJ legte auf und an einer Bar gab es was zu essen und trinken. Es war sicherlich die coolste Party auf der ich je war. O.k., es war auch die ERSTE RICHTIGE Party auf der ich je war. Ich zähle Rolfs Geburtstagsparty vom letzten Sommer nicht wirklich dazu!

Nachdem ich Ronnie (absichtlich) verloren und Hanna gefunden hatte, stellte sie mich ihren Freunden vor und wir hingen eine Zeit lang nur ab. Irgendwann hatte jemand die Idee, „Wahrheit oder Pflicht" zu spielen. Eine Flasche war schnell aufgetrieben, wir setzten uns im Kreis und es wurde fleißig gedreht.

Anfangs waren die Fragen noch recht harmlos. Ich kam nie dran, überlegte mir aber jedes Mal eine Antwort:

Wann hast du das letzte Mal gelogen?
Gerade eben, als ich sagte, dass „Surfen mega cool wäre".

Wann hast du das letzte Mal geweint?
Heute Nachmittag, als ich es vom Surfbrett geschafft habe und ich wegen dem Salzwasser und der Erleichterung überlebt zu haben, Tränen in den Augen hatte.

Was ist deine größte Angst?
Aus irgendeinem Grund, morgen wieder surfen zu müssen!

Was war das Blödeste, was du jemals getan hast?
Mir das Surfbrett ausgeborgt und gedacht zu haben, dass ich das auch kann!

Die Pflichten waren anfangs auch noch recht harmlos:

Trage Lippenstift. Hat mich zum Glück nicht erwischt, sondern Pedro, den Jungen der neben mir saß.

Male dir selber ein drittes Auge auf die Stirn. Leider WIEDER Pedro. Er sah schon eher wie ein schlecht geschminkter Clown aus.

Tausche deine Kleidung mit deinem Nachbarn. Na, habt ihr es erraten? Schon wieder Pedro, der zum Glück aber nicht mit mir, sondern mit Eric, seinem anderen Sitznachbarn tauschte.

Als ich schon dachte, dass ich davon kommen würde, blieb die Flasche plötzlich bei mir stehen.

Dann riefen alle gleichzeitig, ich müsste meinen Nachbarn küssen.

Als ich Pedro zu meiner rechten kurz ansah, merkte ich, wie er sich schon krümmte und dabei murrte: „Echt jetzt, schon wieder ich? Das kann´s doch nicht geben! Das muss Schiebung sein! Was ist denn das nur für eine blöde Flasche?"

Hanna saß zu meiner Linken und während ich noch dachte: "Echt Pedro? Du glaubst wirklich, dass ich lieber DICH als Hanna küsse?", konzentrierte ich mich bereits auf ALLES, was ich über das Küssen je gehört und gesehen hatte.

Aber wie auch beim Surfen, stammte mein ganzes Wissen von Kussszenen aus Filmen. Also hatte ich nicht gerade viel Praxis! Ich spitzte also meine Lippen, schloss die Augen und küsste sie. Auf die NASE! Hanna hatte ihre Augen auch zugemacht und irgendwie sollte wenigstens EINER die Augen offen haben, BIS man sich küsst. Dann kann man die Augen eh schließen. **Das weiß ich jetzt!**

Ich sollte mit dem Jammern aufhören. Jeder tritt mal in ein Fettnäpfchen. Leider bin ich aber in eine ganze Fritteuse getreten!

Auf jeden Fall lachten sich mal alle krumm. Zum Glück war es so dunkel, dass keiner sah wie rot ich im Gesicht wurde. Als sich das Lachen endlich legte und ich mich dann traute Hanna anzuschauen, kicherte sie nur kurz und meinte: „Vielleicht beim nächsten Mal?"

Kurz darauf fand mich Ronnie, die Stimmungskanone und wir mussten heim. Das war also mein Tagebucheintrag zu meinem ersten Kuss! Zum Glück hat Ronnie den Kuss nicht gesehen. Die hätte mich die nächsten Jahre damit aufgezogen.

Etwas schlechtes Gewissen habe ich dann wegen Lisa schon gehabt. Aber ein Kuss auf die Nase – den kann sie mir doch WIRKLICH nicht vorhalten, oder?

Ich schließe das Kapitel mit einem Witz ab:
„Kannst du mir sagen, warum die Mädchen beim Küssen eigentlich immer die Augen schließen?"
„Tja, Thomas, wirf doch mal einen Blick in den Spiegel!"

KAPITEL 15: DER ZAHNARZT ... DES GRAUENS

Hier geht es natürlich NICHT um den Zahnarzt des Grauens, aber hättet ihr weitergelesen wenn das Kapitel nur „Der Zahnarzt" geheißen hätte? Nein, oder?

Ihr hättet wahrscheinlich gleich ein schlechtes Gewissen bekommen, weil ihr beim letzten Mal Zähneputzen so schlampig wart und hättet das Kapitel bestimmt komplett ausgelassen. So dachtet ihr euch, dass es sich auszahlen würde, das Kapitel zu lesen. Vielleicht, um von einem Horror-Zahnarzt in eurer Gegend zu erfahren, den man unbedingt meiden müsste? Oder eher schadenfroh darüber zu lesen, wie mich ein Zahnarzt total quälte? - Ihr seid so gemein!

Kurz noch ein Witz bevor die Geschichte losgeht:
Sagt der Patient zum Arzt: „Herr Doktor, immer, wenn ich Abra Kadabra sage, verschwindet jemand."
„Herr Doktor?"

Wir sind gerade in Lissabon (Hauptstadt von Portugal) und wollen am Abend in die Oper gehen. Also eigentlich WILL nur Mama, wir MÜSSEN!

Zwillinge: „Papa, was ist eine Oper?"

Papa: „Das ist, wenn jemand ein Messer in den Rücken bekommt und anstatt zu sterben, anfängt zu singen."

Papa hat aber seit Tagen starke Zahnschmerzen. Also mussten wir alle vor dem Opernbesuch gemeinsam zum Zahnarzt gehen: Papas Händchen halten. Papa ist nämlich ein totaler Angsthase, wenn es um den Zahnarzt geht und braucht immer ganz viel Zuspruch und Unterstützung. Papa hat aber auch leider immer total blöde Erfahrungen beim Zahnarzt gemacht.

> Es tut mir leid, Fred, aber der kleine Bohrer ist heute kaputt gegangen. Wir müssen den etwas größeren verwenden!

Beim letzten Mal bekam Papa ein Implantat, also einen künstlichen Zahn, der an einer Schraube im Kiefer befestigt wird.

Diese Schraube musste der Zahnarzt teilweise ins Kiefer reinklopfen. Als er Papa damit warnte: „Das ist so, als würde ich Ihnen einen Nagel in den Kopf schlagen!", dachte Papa noch naiv: „Wie soll ICH denn wissen wie es ist, wenn man einen Nagel in den Kopf geklopft bekommt?"

Nun weiß ER es und ALLE anderen Leute, die in einem 2 Kilometer Radius zur Zahnarztpraxis wohnen, auch. Papa muss wie ein wilder Stier gebrüllt haben. Jetzt zuckt er jedes Mal zusammen, wenn er einen Hammer sieht oder nur das Wort Hammer hört. Er kann nicht mal in die Nähe eines Baumarkts gehen!
 Seitdem hat Papa halt einen ziemlichen Bammel vor dem Zahnarzt.

Letztens: „So Fred, dann öffne mal bitte deinen Mund schön weit, dann kann der Onkel Doktor die Hand, auf die du gerade beißt, wieder rausnehmen."

Nun sitzen wir alle in der Praxis und warten. Währenddessen fallen mir eigentlich nur böse Arztwitze ein, die ich Papa erzähle:

Zahnarzt: „Mein Gott, haben sie ein großes Loch im Zahn. Großes Loch im Zahn."
Darauf der Patient: „Das brauchen sie doch nicht zweimal sagen."
Zahnarzt: „Das war ja auch das Echo."

Doktor: „Ich habe eine gute und eine schlechte Nachricht. Welche möchten Sie zuerst hören?"
Patient: „Die Gute."
Doktor: „Ich wollte Ihnen mitteilen, dass Sie nur noch eine Woche zu leben haben."
Patient: „Was? Das ist die Gute? Und die Schlechte?"
Doktor: „Ich versuche Sie seit einer Woche zu erreichen."

Patient: „Herr Doktor, wie lange habe ich noch zu leben?"
Doktor: „Zehn."
Patient: „Wie – zehn? Zehn Monate, Wochen, Tage?"
Doktor: „Neun ..."

„Jetzt sag ich's Ihnen zum letzten Mal", brüllt der Arzt die Krankenschwester an. „Wenn sie einen Totenschein ausfüllen, dann schreiben sie unter Todesursache den Namen der Krankheit und nicht den des behandelnden Arztes!"

Papa hat komischerweise seinen Humor verloren und will keine Witze mehr hören (so eine Memme), also denke ich über meine eigenen Zahnarzt-Geschichten nach.

Als ich so acht Jahre alt war, renovierten wir gerade mein Zimmer. Papa turnte auf der Leiter herum und klopfte an der Decke Putzreste ab. Ich breitete gerade wie befohlen, eine Matte am Boden aus und sagte zu Papa, er soll mir Bescheid geben, bevor ein Stück Deckenputz herunterfällt. „Ja, ja.", sagte Papa und prompt fiel mir ein großes Stück Putz auf den Kopf.

Das tat eigentlich überraschenderweise gar nicht so weh und ich dachte mir nicht viel. Die Blutspur am Boden erzählte aber eine etwas andere Geschichte.

Also ab ins Krankenhaus zum Nähen. Aber weil wir noch meinen Zahnarzttermin absagen mussten und der Zahnarzt auf dem Weg zum Krankenhaus lag, machten wir noch einen kleinen Abstecher. Als der Zahnarzt hörte, was passiert war, meinte er: Wieso ins Krankenhaus fahren, das könnte ER doch gleich an Ort und Stelle machen. Im Krankenhaus würde man mir ein großen Patzen Haare wegrasieren und er würde aber nur so viel wie nötig wegschneiden. Also rauf auf den Zahnarztstuhl und los gings. Seitdem schaut sich der Zahnarzt bei jeder Kontrolle die Narbe auf meinem Kopf an und bewundert lautstark sein Werk: „Ich hätte doch Chirurg werden sollen, warum habe ich nur auf meine Mama gehört?"

Wenn ich Papa erpressen möchte, reibe ich mir den Kopf und sage so etwas wie „Komisch, dass mir der Kopf gerade so schmerzt. Woran das wohl liegt? Ach ja, jetzt weiß ich es wieder!" und schau ihn bedeutungsvoll an. Das wirkt jedes Mal! Danke für die Taschengelderhöhung, Papa.

Weil sich noch ein kurzer Zahnarzt Witz ausgeht:
Zahnarzt zum Patienten: „Sie brauchen eine Krone."
Patient: „Endlich versteht mich jemand!"

Als Papa endlich dran kommt, versucht er dem Zahnarzt noch auf Englisch zu erklären, WELCHER Zahn genau schmerzt. Papa hat super Angst, dass der Zahnarzt was falsch versteht und den falschen Zahn behandelt oder gar zieht. Weil der Doktor, wie alle Menschen hier eher Portugiesisch versteht und spricht, wird die Kommunikation mit ihm etwas holprig. Endlich einigen sie sich auf eine Zeichensprache und Papa bekommt seine Behandlung.

Ende gut, alles gut. Oder doch nicht? Natürlich könnte ich euch jetzt die blutigen schmerzhaften Details erzählen, wie der Zahnarzt Papa jeden einzelnen Zahn zog, bis er den Richtigen erwischte ... aber ich überlass das lieber eurer Fantasie und dem ... Zahnarzt des GRAUENS.

Weil ich noch Platz für einen Witz habe:
„Mutti, mach dir bitte keine Sorgen. Ich bin im Krankenhaus."
„Sohn, ich bitte dich. Du bist schon seit 8 Jahren Chirurg. Können wir unsere Telefonate bitte anders beginnen?"

KAPITEL 16: THE SINGING MONKEYS

Mama kam heute vom Einkaufen heim und erzählte uns begeistert von den „Singenden Affen": „Das Konzert sollten wir uns heute unbedingt ansehen!"

„Was? So etwas wie singende Affen gibt's doch nicht!" riefen wir alle!

„Doch, doch!", meinte Mama. Die Kassiererin im Supermarkt hätte ihr von den „singing monkeys in the church" erzählt. Das wäre ein GANZ seltenes Spektakel. Wir hätten aber Glück und die Vorstellung wäre zufällig heute um vier Uhr am Nachmittag in der Sankt Pedro Kirche im nächsten Ort.

Papa versuchte die „Singenden Affen" im Internet zu recherchieren, fand aber natürlich nichts.

Dazu Mama: „Na klar, das ist doch auch etwas ganz seltenes, das steht doch nicht im Internet".

Als ich meinte: „Es gebe doch keine Affen hier in Portugal und Affen können doch sowieso nicht singen!", meinte Mama ich sollte doch nicht immer so NEGATIV sein. Die Dame im Supermarkt hätte es so gesagt und Mama wäre doch nicht blöd.

"Es gibt die "singing monkeys in the church" und damit basta!", wiederholte sie stur.

Wir gaben dann nach! Wie heißt es so schön: Der Klügere gibt nach. Solange bis er der Dümmere ist? Andererseits, wenn die Klügeren immer nachgeben, geschieht nur das, was die Dummen wollen. Na dann ...

Wir konnten den ganzen Vormittag über nichts anderes reden, außer über die berühmten singenden Affen von Sankt Pedro. Was waren das nur für Affen, die da singen konnten? Wir waren uns einig: Diese einmalige Attraktion dürften wir uns auf keinen Fall entgehen lassen!

Also fuhren wir rechtzeitig los und waren um kurz vor vier Uhr vor der besagten Kirche. Wir waren aber die einzigen Touristen hier. Keiner war sonst gekommen, um die berühmte Vorstellung der Singenden Affen zu sehen.

„Da kann doch etwas nicht stimmen!", meinte Papa.

Mama blieb hartnäckig: „Nichts da, die Affen werden heute schon noch singen! Ihr werdet es alle noch sehen!"

Um Punkt vier Uhr öffneten sich die Türen der Kirche und wir suchten uns einen Platz ganz weit vorn. Wir wollten nichts verpassen!

War aber auch wie gesagt kein Problem – die Kirche war völlig menschenleer. Von den Affen war auch noch nichts zu sehen.

„Die kommen schon noch!", zischte Mama, die schon ungeduldig war.

Als sich dann doch noch ein paar Zuschauer zu uns gesellten, fragte sie Papa auf Englisch ob sie auch wegen den singenden Affen da wären? Die Touristen wirkten auf Papas Frage total schockiert und fragten ihn ärgerlich, wieso er die Mönche Affen nannte?!

Dann fiel auf einmal der Groschen: Auf Englisch heißen Mönche „Monks" und Affen heißen „Monkeys". Die Verkäuferin im Laden hatte die zwei Wörter durcheinander gebracht. Oder Mama!?

Da konnten wir uns nicht mehr vor Lachen halten und auch nicht mehr damit aufhören. Mir standen schon die Tränen in den Augen. Weil das die Mönche aber NICHT so super fanden und glaubten, wir lachen sie aus, baten sie uns dann zu gehen.
Fehlt nur noch das Zelt. Dann wäre der Zirkus hier komplett!

Bei folgendem Witz kommt zwar kein Mönch, dafür aber eine Nonne vor:
Ein Junge hilft einer Nonne über die Straße.
Sie: „Vielen Dank, mein Kleiner."
Er: „Kein Problem. Batmans Freunde, sind auch meine Freunde."

KAPITEL 17: DIE HORROR MAUS

Seit einigen Tagen vermuten wir, dass wir eine oder mehrere Mäuse im Camper haben. Nämlich seit dem letzten Campingplatz, wo wir den „super" Standplatz neben den Mülltonnen hatten.

Ronnie meint, es könnten auch Ratten sein. Ich glaube, sie versucht uns nur Angst zu machen. Aber wer weiß? Keiner hat die Tiere jemals gesehen. Papa kaufte eine Lebendfalle und steckt seitdem jeden Abend ein leckeres Stück Käse als Köder hinein. Jeden Morgen fehlt der Köder – vom Dieb fehlt aber jede Spur. Die Falle funktioniert aber absolut tadellos: Ich habe immer noch die Quetschspuren auf den Fingern, wo ich sie ausprobiert habe.

Nun kursieren die verrücktesten Theorien, was es mit der leeren Falle auf sich haben könnte. Ihr könnt jetzt selbst wählen, welche unserer Theorien die Beste ist. Ich gehe aber davon aus, ihr seid auf MEINER Seite, oder? Ich habe doch IMMER recht!
Ganz unter dem Motto: Es ist schwer, allwissend zu sein, aber ich komm schon damit klar!

Die Geistermaus: Diese Geschichte wurde von den Zwillingen in die Welt gesetzt. Ihre Theorie ist, dass die Geistermaus vor vielen hunderten Jahren hier am Campingplatz gelebt hat. Als ganz normale Maus.

Dass es vor vielen hunderten Jahren keinen Campingplatz weder hier noch sonst wo gegeben hat, weil Camping noch nicht erfunden war, haben wir den beiden nicht erzählt. Camping war damals keine Freizeit-Beschäftigung, sondern normaler Standard. Jeder hat theoretisch gecampt – die Häuser im Mittelalter waren damals in einem schlechteren Zustand als Renate.

Also, wieder zurück zur Geschichte: Die Maus lebte friedlich am Campingplatz, bis einmal eine Katze aus einem Camper entkam. Die Katze hieß Fridolin. (Die Zwillinge wünschen sich, seit Mimmi weg gelaufen ist, ein eigenes Kätzchen namens Fridolin).

Die Katze verfolgte die Maus jeden Tag. Aber die Maus war immer einen Tick schlauer und/oder schneller.

> HILFE! Eine Maus!

> HILFE! Eine Katze!

Die Zwillinge bauten in ihrer Geschichte einige lustige Szenen ein, die mich irgendwie total an Tom und Jerry erinnerten.

Eines Tages passierte es aber: Die Katze erwischte die Maus und ... jetzt müsst ihr raten, was passiert ist:

a) Die Katze fraß die Maus auf!

b) Die Maus fraß die Katze auf!

c) Sie wurden Freunde, eroberten die Welt und versklavten die Menschheit!

Für alle die b) getippt haben – echt jetzt? Nicht mal die Zwillinge haben SO viel Fantasie!

An diejenigen unter euch die c) getippt haben:
Hey, es sind Katzen und Mäuse und die sollen die
Welt erobern? So was gibt's doch nicht mal als
Zeichentrick ...

Also war es wirklich a)? Ende und aus?
Nein, ich will euch nur aufziehen. Natürlich war
die Geschichte noch nicht zu Ende. Sie nahm
dann doch noch eine überraschende Wendung
und die Zwillinge versuchten, die Gerechtigkeit
wieder herzustellen. Folgendes passierte: Die
Katze verschluckte sich an der Maus und erstickte
qualvoll daran! Ich habe nicht gesagt, dass die
Zwillinge keinen makaberen Gerechtigkeitssinn
haben!

Seit diesem Schicksalstag jagt die Geisterkatze die
Geistermaus. Und weil Geister keine
Fallen auslösen, MUSS es die
Geistermaus
gewesen
sein, die den Köder
gestohlen hat.

Meine (und auch natürlich einzig richtige) Theorie: Die Mutanten-Maus:

Also, für die Geschichte muss ich etwas ausholen. In dieser Gegend hat es vor vielen Jahren eine geheime und illegale Mülldeponie mit radioaktiven Abfällen gegeben. Auf dieser Mülldeponie hat die damals noch normale Maus mit Ihrer Familie gelebt. Aber eines Tages platze ein Behälter mit radioaktivem Material und die Maus wurde verstrahlt.

Doch dann passierte es: Die Maus starb nicht, sie mutierte zu einer Mutanten-Horror-Maus mit Superkräften. Seitdem terrorisiert sie den Campingplatz auf der Suche nach einem Gegenmittel.

Eindeutig die coolste Story, Axel!

„Was für ein Gegenmittel?", unterbrach mich Mama, die immer die Details einer Geschichte braucht!

„Keine Ahnung. Ein Gegenmittel, damit die Maus wieder normal wird!", antwortete ich.

„Warum will denn die Maus wieder normal werden, wenn sie jetzt doch Superkräfte hat?", fragte Ronnie, die mich nur beim Erzählen stören wollte.

„Und warum plündert sie unsere Mäusefalle?", bohrten die Zwillinge nach.

Na super, jetzt hatten sie mich völlig aus dem Erzählfluss der Geschichte gebracht. Also gab ich beleidigt auf. Aber IHR seht schon, dass ich recht haben könnte, oder?!

Ronnies (doofe) Theorie:
Kurz und bündig: Es ist gar keine Maus, sondern ... eine Bande von kriminellen Ratten. Sie fahren mit ihrem eigenen kleinen Wohnwagen von einem Campingplatz zum anderen. Dabei handelt es sich

um eine Ratten-Mafia, die im Geheimen operiert und mit Speck- und Käsehandel Millionen verdient. Deswegen werden wir sie auch niemals erwischen.

Ronnie steigerte sich total in die Geschichte rein bis ich das Gefühl hatte, sie glaubt sie selber.

Es gab da eine richtige Story: „Eduardo ist der Anführer und Nino die Ratte für's Grobe."
„Grobe?", fragten die Zwillinge.
„Ja!", sagte Ronnie grimmig: „Wenn wer zu viel weiß, wird er beseitigt und man hört nie wieder was von ihm!"

Die Zwillinge wirkten schon ziemlich eingeschüchtert. Aber Ronnie machte immer weiter:
„Cico übernimmt den Transport vom Käse und Speck und Jano ist der Finanzexperte."

Als würde Ronnie wissen, was ein Finanzexperte so macht. Mama unterbrach Ronnie als sie merkte, dass die Zwillinge schon in den Ecken nachschauten, ob sie eine der bösartigen Mafia-Ratten entdecken konnten.

RONNIES RATTENGANG:

Eduardo (Spitzname El Padre), ist der Anführer der Bande.

Ratto, immer hungrig!

Nino, der für's Grobe verantwortlich ist.

Lucca, der immer zu spät kommt.

Sammy, erst seit kurzem Mitglied der Gang.

Jano, der angebliche Finanzexperte.

Mamas (noch doofere aber dann leider DOCH wahre) Theorie:
Irgendwer von UNS ist vielleicht ein Schlafwandler und klaut jede Nacht den Speck für sich selbst.

Dann ging die große Diskussion los:
„Wer soll das sein, Mama?", brüllten alle durcheinander. Die Zwillinge würden auch durchschlafen, wenn eine wilde Herde Elefanten durch den Camper trampelt. Papa genauso!

Weil ich gerade von Elefanten spreche, muss ich noch meinen Elefantenwitz loswerden:
Sagt die Maus zum Elefanten: „Elefant, komm doch mal raus aus dem Wasser!"
Der Elefant: „Nein, ich schwimme gerade so schön!"
„Bitte, Elefant!"
„Nein, ich komme nicht raus!"
„Bitte, bitte, bitte, Elefant!"
Dem Elefant wird es langsam zu blöd und er kommt raus. Die Maus blickt kurz auf und sagt: „Gut, kannst wieder reingehen. Ich wollte nur sehen, ob du meine Badehose anhast!"

Weiter mit der Geschichte: Mama behauptet ganz fix, sie sei´s nicht gewesen und ich schwöre, ich war´s auch nicht. Nur Ronnie bleibt verdächtig ruhig. Alle schauen sie fragend an.

Dann gibts sie es zu: Der Käse hätte jede Nacht so gut gerochen und die Falle lag ja genau neben ihrem Bett. Sie hielt es nicht mehr aus und deshalb hat sie jede Nacht den Käse geklaut und selber gegessen.
WÄÄÄH! Echt Ronnie? Aus einer Mausefalle? WAS IST MIT DIR?

Weil ich noch Platz für meinen zweitliebsten Elefantenwitz habe:
„Warum haben Elefanten rote Augen?"
„Echt? Sie haben rote Augen? Weiß ich doch nicht."
„Damit sie sich besser im Kirschbaum verstecken können."
„Aber ich habe noch NIE einen Elefanten in einem Kirschbaum gesehen!"
„Na, da kannst du mal sehen, wie GUT die sich verstecken können!"

Na, super, jetzt fällt mir noch ein WEITERER Elefantenwitz ein, den ich euch unbedingt noch erzählen möchte:

Ein Elefant geht jeden Tag den selben Pfad entlang zum Fluss und läuft dabei immer über einen Ameisenbau. Nachdem die Ameisen den Bau jedesmal wieder aufgebaut haben, reicht es ihnen. Sie entwerfen einen Schlachtplan. Sie krabbeln auf die umliegenden Bäume und als der Elefant wieder den Pfad entlang kommt, werfen sie sich todesmutig auf ihn. Der Elefant schüttelt sich und alle Ameisen fallen herunter. Nur eine bleibt in einer Halsfalte hängen.

Da rufen die anderen, die heruntergefallen sind: „Los Günther! Würg ihn!"

Na gut, ein letzter:

Zwei Ameisen gehen spazieren. Treffen sie einen Elefanten. Fragt die eine Ameise: „Wollen wir kämpfen?" Antworte der Elefant: „Nein. Zwei gegen einen ist unfair!"

KAPITEL 18: STAU FRUST

Wir sitzen gerade im Stau Richtung Spanien. Draußen hat's 40 Grad!

Mama sagt: „Seit Jahrzehnten erklären alle Eltern ihren Kindern: Esst eure Teller leer, dann gibt's schönes Wetter! Und was haben wir davon? Dicke Kinder und eine Klimaerwärmung!"

Schau, mein Kleiner, so schaut ein Stau aus!

Wenn man im Stau steht und einem langweilig ist, kann man kurz das Fenster runterkurbeln und den Fahrer nebenan fragen, ob er auch im Stau steht. Der Blick: „Unbezahlbar!"

Zum Glück funktioniert Renates Klimaanlage super und ich kann relaxen. Weil ich nichts Besseres zu tun und meine Schulaufgaben für heute fertig habe, schreibe ich Witze über Ronnie:

Ronnie und ihre Freundin Carla sind mit dem Fahrrad unterwegs. Carla steigt ab und fängt an, die Luft aus den Reifen zu lassen.
„Was machst du?", fragt Ronnie.
„Mein Sattel ist zu hoch!"
Darauf steigt Ronnie ebenfalls ab und wechselt den Sattel mit dem Lenker aus.
„Was machst du denn jetzt?"
„Du bist mir zu doof, ich fahr zurück!"

„Wann kommt der nächste Zug?"
Ronnie: „Kann nicht mehr lange dauern – Schienen liegen schon da!"
Auskunft geben kann sie!

Wie treibt man Ronnie in den Wahnsinn?
Man bringt sie in ein rundes Zimmer und sagt:
„In der Ecke liegt ein Tausender!"

Warum macht Ronnie den Joghurt gleich im

Supermarkt auf?
Weil draufsteht: „Bitte hier öffnen!"

Durchsage am Bahnhof: „Abfahrt des Zuges nach München um 8 Uhr 48. Und für unsere liebe Ronnie: Brezel-Stuhl-Brezel."

Ronnie und Carla stehen an einer Bushaltestelle.
Fragt Ronnie Carla: „Mit welchem Bus fährst du?"
„Mit der 1 und du?"
„Mit der 2."
Nach 5 Minuten kommt die 12.
Sagt Ronnie: „Jetzt können wir ja doch zusammen fahren!"

Warum braucht Ronnie so lange, um das Salz in den Salzstreuer zu füllen?
Es ist nicht so einfach, die Körner durch die kleinen Löcher zu bekommen!

Ronnie und Carla suchen im Wald nach einem Weihnachtsbaum. Nach zwei Stunden sagt die eine: „Was solls, nehmen wir eben einen ohne Kugeln."

KAPITEL 19: DIE DINOS MIT DEN KLEINEN FÜSSCHEN

Auf der nordspanischen Atlantikküste gibt es eine „Küste der Dinosaurier". Entlang an einem etwa 65 Kilometer langen Küstenstreifen sind zwischen Sandstränden und Steilküste unzählige Spuren von Sauriern im Gestein verborgen. Nirgendwo in Europa findet man so vielfältige und perfekt erhaltene versteinerte Fußabdrücke von Sauriern wie hier.

Es war ein merkwürdiges Gefühl auf einem Strand zu stehen und zu wissen, dass genau an dieser Stelle vor gut 200 Millionen Jahren gigantische Saurier im tropischen Sumpf herumliefen und ihre Fußabdrücke zurück ließen. Ich setzte mich in einen rund ein Meter Durchmesser großen Saurier-Fußabdruck hinein und dachte über das lange Alter der Erde nach.

Bis Papa wieder Witze darüber machte, ob die Dinosaurier damals schon bei der Größe ihrer Fußabdrücke getrickst haben.
Papa, das ist die dümmste Idee, die ich jemals gehört habe. Wann geht's los?

200 Millionen Jahre alte Werbung für Fußabdruck-Vergrößerer:

Ich habe SO kleine Füße, was wird da die Nachwelt von mir in 200 Millionen Jahren denken!

Dann nimm doch meine patentierten Fußabdruck-Vergrößerer. Damit sind deine Sorgen sofort vorbei. Nur HEUTE im Sonderangebot bei MIR, Dr. Saurus.

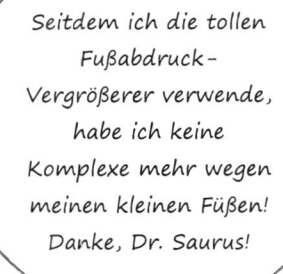

Seitdem ich die tollen Fußabdruck-Vergrößerer verwende, habe ich keine Komplexe mehr wegen meinen kleinen Füßen! Danke, Dr. Saurus!

Oder die frühen Menschen haben getrickst. Die hatten ja ziemlich viel Zeit und nicht sehr viel zu tun, außer irgendwelche Höhlenwände voll zu schmieren:

> Komm, heute legen wir Agga rein und sagen ihm ein Dino war da.

> Geile Idee!

Als die Dinosaurier ausstarben:

> Na super! Hauptsache ich habe mich immer gesund ernährt!

KAPITEL 20: DER FINSTERE WALD DES ... (Trommelwirbel) ... TODES!

Gestern Nacht ist uns was wirklich Mega-Blödes passiert. Typisch für unsere Familie! Wir stehen also seit gestern an einem Campingplatz im „Finsteren Wald" und wir sind wirklich die einzigen Camper am ganzen Platz.

Anfangs dachten wir, wir wären sogar falsch. Der „Finstere Wald" heißt so, weil er halt relativ dicht gewachsen und daher sehr dunkel ist. Was dachtet ihr denn?

Na gut, es gibt doch eine Vorgeschichte: In diesem „Finsteren Wald" wurden früher immer wieder Hexen gesichtet. Wahrscheinlich nur ältere Damen, die einen Sonntags-Spaziergang machten und frische Waldluft schnappen wollten.

"Also, immer diese Vorurteile gegen uns! Ich verstehe das überhaupt nicht. So, Ulli, hast du schon die Menschenfinger hineingeleert? MMMH, das wird lecker. Ich kann´s kaum noch erwarten!"

In früheren Zeiten wurde JEDER und ALLES der Hexerei beschuldigt: Im 17ten Jahrhundert wurde in Frankreich sogar eine Kuh der Zauberei angeklagt und verurteilt. Aber was soll´s, vielleicht hat sie ja auch wirklich Dreck am Stecken gehabt, wer weiß? Vielleicht war das sogar nicht mal ihr eigener Stecken? Nicht lustig? Naja, ich hab´s versucht!

Nun saßen wir also am Abend um´s Lagerfeuer, das Papa gemacht hatte. Die Zwillinge lagen schon in ihren Betten und Papa fing an, Gruselgeschichten zu erzählen. Wie es halt Hexen und Trolle und sonstige gruselige Waldbewohner hier mal gegeben hat, die die Menschen erschreckt haben.

Weil Papa echt gut erzählen kann und sich so richtig hinein gesteigert hat, sind die Geschichten immer gruseliger und gruseliger geworden.

Ich fürchte mich normalerweise nicht besonders leicht (außer vor Haien, wie ich euch noch später in meinem Tagebuch schildern werde), aber Papas Geschichten waren sogar MIR zu viel.

Mama und Ronnie schauten nervös in den dunklen Wald und Mama fragte Papa, ob das jetzt so eine gute Idee war mit den Gruselgeschichten, wo wir doch im „Finsteren Wald" allein campierten?

Als sich jeder vordrängte, der Erste im Bett sein zu wollen, merkte auch Papa, dass er zu weit gegangen war. Ich dachte unfreiwillig nochmal über die bösartigen Waldtrolle nach, von denen Papa erzählt hatte und bin dann etwas nervös eingeschlafen.

Bis ich von einem Geräusch geweckt wurde: Ein Kratzen, ein Schlürfen, ein Schaben wie von einem … „TROLL" schrie Ronnie. Sie war anscheinend auch schon wach und Mama war ebenfalls schon auf den Füßen. Nur die Zwillinge schliefen selig weiter. Gut, sie wussten auch nicht, welche schrecklichen Gefahren hier im „Finsteren Wald" auf uns lauerten.

Wir versuchten vom Fenster aus, etwas im Dunkeln zu erkennen, sahen aber nur schemenhafte Schatten von …. „TROLLEN!", schrie Ronnie wieder. Meine Haare standen zu Bergen. Keiner traute sich ein Licht anmachen, wir wollten ja nicht, dass die Hexen und besonders die Trolle uns sehen.

Mama hatte schon einen Besen in der Hand, Ronnie packte den Wischmob, ich bewaffnete mich mit der kleinen Klobürste und schreiend rissen wir die Wohnwagentür auf und schlugen wild um uns herum.

Hab´ ich euch, ihr fiesen Trolle!

„ICH HABE IHN!", schrie Ronnie und schlug weiter auf den wilden Troll vor ihr ein. Mama knipste die Taschenlampe an und da lag er, der große grüne Tro... Papa. WAAAAAS?

Papa lag da auf dem Boden gekauert und winselte „Bitte hört auf, bitte hört auf. Ich bin kein Troll!" Mit meiner Klobürste in den Haaren erzählte er uns, was vorgefallen war: Er war draußen im Wald kurz auf's Klo gegangen und fand im Dunkeln die Eingangstür nicht mehr und war dabei gegen alles Mögliche gestoßen.

Obwohl Ronnie Papas Geschichte nicht ganz traute und weiterhin die Dunkelheit nach Trollen absuchte, gingen wir wieder in den Wohnwagen und schliefen weiter. Armer Papa, ihm tat der Hintern am nächsten Tag noch weh.

„Selber schuld!" sagte Ronnie!

Echt GROSSES Kino, oder?

KAPITEL 21: BARCELONA: MAMAS TANZ-KÜNSTE, GAUDI UND FUSSBALL

Wir sind heute früh in Barcelona angekommen. Barcelona ist nach Madrid die zweitgrößte Stadt Spaniens. Als wir die Rambla (eine lange Fußgängerzone mitten in der Stadt) runter spazierten, kamen wir an ein paar Jugendlichen vorbei, die zu einer coolen Hip-Hop Musik tanzten.

Die waren echt krass drauf und es schauten viele Leute zu.

Die coolen Tänzer, bevor Mama ihren Auftritt vermasselte:

Dann fingen die Tänzer an, Leute aus dem Publikum heraus zu picken, die mittanzen sollten. Das waren hauptsächlich Jugendliche, die auch so richtig coole Moves drauf hatten. Dann zeigte einer der Tänzer plötzlich auf Mama. Zumindest dachte sie, dass SIE gemeint war.

Ich bin mir inzwischen nicht mehr so sicher.

Aber auf jeden Fall dachte sich Mama: „Wenn DIE das können, schaffe ICH das auch."
Vielleicht hatte sie bei ihrem letzten Aerobic Kurs auch zu viel Lob geerntet.

Strotzend vor Selbstbewusstsein fing sie zu tanzen an. Ihre Moves sahen aber eher wie Dehnungsübungen für Senioren aus. Null Taktgefühl. Ich glaube, sie hörte den Beat gar nicht mal.

Währenddessen gruben wir uns ein Loch im Gehsteig, um uns darin vor Scham zu verstecken. Um dann mit neuen Ausweisen und Namen freiwillig ins Exil zu gehen.

Aber das sahen andere ältere Zuschauer etwas anders. Die machten plötzlich alle unaufgefordert einfach mit. So unter dem Motto: „Wenn DIE sich traut, dann will ICH es auch".

Die Senioren übernahmen dann auch gleich die komplette Show und verdrängten die Tänzer völlig von der Bühne. Jeder machte sein Ding.

Die Tänzer konnten nur noch völlig verdattert zuschauen. Als sie dann noch jemand um eine „etwas langsamere Musik" bat, gaben sie auf und packten zusammen.

Die werden es sich in der Zukunft ZWEIMAL überlegen, irgendwelche Leute aus dem Publikum zu wählen!

Als wir auf der Rambla weiterzogen, zuckten Mamas Schultern noch im Rhythmus und die Zwillinge sangen die Rap Texte (komplett mit allen englischen Schimpfwörtern), bis Papa sie ermahnte aufzuhören.

Bei ihrem Tanzabenteuer hatte sich Mama die Hose am Hintern zerrissen. Nachdem wir eine neue Hose für sie (und drei Handtaschen für Ronnie) gekauft hatten, zogen wir weiter auf der Suche nach der Sagrada Familia, eine riesige Kathedrale geplant von Antonio Gaudi.

Gaudi war ein berühmter Spanischer Architekt und Papas Vorbild und Lieblingsarchitekt. Papa zwingt mich diese Zeilen zu schreiben weil er meint, ich müsste auch etwas über Gaudi erfahren. Und wenn ICH etwas über ihn lernen muss, dann müsst IHR das jetzt auch.

Gaudi war in seiner Kindheit stark erkrankt und da er nicht mit anderen Kindern spielen konnte, beobachtete er stattdessen die Natur. Alle Gebäude die er geplant hat, sind von der Natur geprägt.

In seiner Schul- und Studienzeit war er nicht für besonders gute Noten bekannt, hob sich allerdings als hervorragender und kreativer Zeichner von den anderen Schülern ab. Ist mir schon mal sehr sympathisch.

Als Gaudi 1878 den Abschluss an der Architekturschule erhielt, zweifelte der Schuldirektor und sagte: „Wer weiß, ob wir das Diplom einem Verrückten oder einem Genie gegeben haben – nur die Zeit wird es uns sagen."
Wenn das keine coole Ansage ist …

Ich sage eh immer: „Wer am Rand des Wahnsinns steht, hat die beste Aussicht!"

La Sagrada Familia ist ein wahres außergewöhnliches Meisterwerk. Was auch erklärt, warum es so lange dauert, bis es fertig ist! Während die alten Pyramiden Ägyptens in 85 Jahren errichtet wurden, befindet sich die Sagrada Familia SEIT 1882 im Bau. Barcelona hat sich vorgenommen, die berühmte Basilika bis 2026 zum 100. Todestag von Gaudi fertigzustellen.

Unterwegs Churros gegessen bis zum Abwinken. Echt, meine Hose bekomme ich schon GAR nicht mehr zu! Ist euch wurscht, oder?

Tipps für einen flachen Bauch: Nur flache Sachen essen! Zum Beispiel Schokoladentafeln und Pizza!

Im Gaudi Park hat Mama dann einer Taube auf den Kopf gekackt. Nein, ich glaube ich habe das jetzt falsch geschrieben. Eine Taube hat Mama auf den Kopf gekackt, nicht umgekehrt! War nicht so ihr Tag. Auch hier meine ich Mama, nicht die Taube. Wir verbrachten wieder zwei geschlagene Stunden im Geschäft, während Mama eine neue Bluse und Ronnie sich vier Paar Schuhe kaufte! Weil wir den Weg zur Sagrada Familia einfach nicht finden konnten, fragten wir uns durch. Jeder zeigte aber in eine andere Richtung, so dass wir noch weitere drei Stunden im Kreis liefen und dann beim Aquarium rauskamen, das am ganz anderen Ende der Stadt lag.

> Irgendwie bekomme ich Hunger!

> Ich auch - hast du den Glasschneider mit?

Also verzichteten wir auf die Kirche und schauten uns die „Fischis" an, wie sie munter herum schwammen. Nicht ganz so meins, aber den Zwillingen gefiel es.

Mama und Papa bekamen bei so vielen Fischen Hunger. Also gingen wir anschließend in ein Fischrestaurant! Echt jetzt?

Papa wollte heute unbedingt ein Fußballspiel im Stadion ansehen. Mama hatte für uns alle Trikots von FC Barcelona gekauft, was aber in doppelter Hinsicht etwas peinlich war.

Erstens spielte heute nicht FC Barcelona, sondern irgendeine Jugendmannschaft. Zweitens gafften uns alle an bis wir bemerkten, dass auf den Trikots, die Mama verbilligt bei irgendeinem Straßenhändler gekauft hatte, FC **BARSCHELONA** stand. Aber eh schon egal!

Als das Spiel endlich angepfiffen wurde, sah es aber so aus, als hätten die Spieler nichts davon mitbekommen.

Manche standen nur rum und quatschten miteinander. Einer saß sogar auf einem Ball im Eck und telefonierte! Ein Torwart nippte gemütlich an seinem Kaffee, während der andere Torwart dauernd mit seinen Schürsenkeln beschäftigt war. Ich glaube fast, der übte seine Schnürsenkel zu binden — wahrscheinlich war er nur Klettverschlüsse gewöhnt!

Also bei DEN Spielern hätte sogar ICH mitspielen können. Nur eins konnten sie wirklich prima: Hinfallen und sich vor Schmerzen hin und her rollen! Und jammernd liegen bleiben.

Der Schiedsrichter verbrachte mehr Zeit mit dem Ball, als die Spieler! Es war ein Trauerspiel. Sogar Papa sah es ein und wir gingen vorzeitig. Ich glaube, wir waren auch die einzigen im Publikum, die wirklich Karten für das Spiel GEKAUFT hatten.

Weil noch Platz ist:
Eine Fußballmannschaft fliegt nach Frankreich. Aus Langeweile beginnen die Burschen in der Flugzeugkabine mit dem Ball zu spielen. Der Pilot kann die Maschine kaum noch halten und schickt den Copiloten nach hinten. Nach zwei Minuten ist absolute Ruhe.
„Wie hast du denn das gemacht?"
„Na ja", meint er. „Ich habe gesagt: Jungs, es ist schönes Wetter draußen, spielt doch vor der Tür!"

KAPITEL 22: DIE TANZENDEN KAKERLAKEN
Heute Abend waren wir in einem Restaurant, dass eine Flamenco Tanzshow am Programm hatte. Mama meinte, wir sollten endlich auch etwas Kultur abkriegen und uns von etwas anderem als Churros ernähren. Sie schaute dabei vorwurfsvoll auf meinen und Papas Bauch.

Churros sind übrigens so ausgebackene längliche Krapfen, also Spritzkuchen. Schmecken super, haben aber gefühlt eine Million Kalorien pro Bissen.

Also bestellten sie Tapas (kleine spanische Appetithäppchen) für uns alle und weil sich einfach ALLES auf spanisch so gut anhört, bestellten sie etwas viel. So viel, dass sich der Tisch bog! Aber wir kämpften uns wacker durch und stoppten erst dann, als unsere Bäuche zu platzen drohten! Alle hatten wir den obersten Knopf an der Hose aufmachen müssen! Papa sogar schon den Reisverschluss! Hat nicht sehr viel gebracht, auf die Churros zu verzichten, Mama!

Kleiner Diät-Tipp: Die Hose kneift nicht, wenn man keine anhat!

Dann ging auch schon die Flamenco Tanzvorführung los. Sie begann noch recht ruhig und wurde dann immer schneller und wilder. Alle schauten dabei auch sehr ernst. Die Tänzerin und der Tänzer, die Gäste, die Kellner – wirklich alle!
Wie auf einer Beerdigung.

Dann sah es für mich so aus, als würden die Tänzer auf „Kakerlaken Jagd" gehen. Sie schlugen mit ihren Zehenspitzen auf, machten einen wilden Stepptanz, wirbelten sich gegenseitig im Kreis und schrien laut „Olé", als hätten sie eine Kakerlake erwischt. Ich bekam den Gedanken einfach nicht mehr aus dem Kopf. Als ich es dann laut am Tisch sagte, fingen alle zu kichern an! Weil wir nicht aufhören konnten und immer lauter wurden, schauten uns natürlich alle noch ernster und feindseliger an.

Das sind sie ➡

Dann stellte ich mir auch noch vor, wie die Kakerlaken den Flamenco mittanzten. Als die Vorführung vorbei war, zahlten wir schnell und verschwanden aus dem Restaurant.

Kakerlaken Tanzstunde: Jede Woche donnerstags im Restaurant „Zum heißen Flamenco – Tanz um dein Leben!"

Olé!

Ola! Ich heiße Sarah und bin hier die Tanz-lehrerin!

Ich bin neu hier. Bis letzte Woche habe ich im chinesischen Lokal auf der anderen Straßenseite gelebt.

So, dreimal rechts, einmal links, viermal im Kreis – wie soll ich mir das merken?!

AIJAIJAI!. Bin ich geschafft, ich kann nicht mehr.

KAPITEL 23: ARMANDO UND SEINE FREUNDE

Papa wollte nun nach dem „tollen" Fußballspiel unbedingt einen Stierkampf erleben. Wir fragten ihn, ob er das wirklich ernst meint? (So nett haben wir uns allerdings nicht ausgedrückt!)

Dann erklärte es uns, es wäre nur so eine harmlose Vorführung für Touristen und die Stiere werden dabei nicht verletzt, höchstens etwas geärgert. Somit war es auch für Mama o.k.

Mamas Motto des Tages: „Jeder darf (heute) meine Meinung haben."

Es war brütend heiß in der „Stierärgerarena" (Mama bestand darauf, dass wir nicht Stierkampfarena sagten) während wir auf die Belästigung der Stiere warteten.

Weil Papa nichts verpassen wollte, waren wir zu früh dran. Laute Musik trällerte aus den Lautsprechern, weitere Touristen trudelten ein und suchten sich ihre Plätze.

Ein amerikanisches Pärchen mit großen

Sombreros war genauso begeisterungsfähig wie Papa:
„Look Sam, there is still a pile of shit from the last bull lying in the sand. How cool is that?"
(Übersetzt: „Schau Sam, da liegt noch ein Kackhaufen vom letzten Stier im Sand. Wie cool ist das denn?")
„Look over there Julie and make a picture of the man selling peanuts. How cool is that?"
(Übersetzt: „Schau dort hin, Julie und mache ein Foto von dem Verkäufer, der gerade Erdnüsse verkauft. Wie cool ist das denn?"

Sie beendeten übrigens JEDEN Satz mit „How cool is that?" -
„Hey, dir hängt ein Nasenpopel aus der Nase. How cool is that?"

Hey, da ist Axel der über uns schreibt! Wie cool ist das denn?

Dann bemerkten wir eine Touristengruppe aus China. Die hatten NOCH größere Strohhüte auf, die eher wie kleine Hütten aussahen.

Ich machte mich aber NICHT lustig darüber! Nur WIR brutzelten schutzlos in der Sonne!

So, lieber Axel, ein Witz von mir aus dem fernen China: Hoch in den chinesischen Bergen fragt der Zen-Schüler seinen Meister: „Meister Wang, warum denken die Europäer, dass wir alle gleich aussehen? Antwortet der Meister: „Ich bin nicht Meister Wang."

Endlich schlenderte ein Stier in die Arena hinein. Das Tier sah so aus, als hätte es sich verirrt. Ich hatte mir ein gefährlich aussehendes Muskelpaket vorgestellt. Der hier sah eher aus wie eine Mischung aus Kuh und Ziege.

MÄÄÄH-MUUUH

Als das Tier anfing, sich nach einem Büschel Gras umzusehen, hörte die Musik auf und der Moderator fing an, Stimmung zu machen:
„Das ist jetzt der erste Stier!", schrie er ins Mikrophon, als hätten wir ihn übersehen.
„Er heißt Armando und steht am Wendepunkt seiner Karriere."
„Seine Karriere als was?", fragte ich mich.

Armandos Karriere nahm eine überraschende Wendung:

JUHUUU! Ich werde Torrero!

Stiere, wie ich sie mir eigentlich beim „Stierärgern" vorgestellt hatte:

Ich wische den Boden mit dir auf!

Dann wurde der Moderator immer wilder und kündigte den zweiten Stier „Ernesto" an. Die zwei Stiere waren angeblich Brüder! Das hätte man aber auch SO gemerkt: Ernesto war genauso lahm wie Armando. Nach einem wilden Brüllanfall des Moderators, bei dem man kein Wort mehr wirklich verstand, tauchte endlich der Torero (also der Stierärgerer) auf seinem schlappen, dicken Gaul (der für mich eher wie ein alter, fetter Esel aussah) in der Arena auf.

Alter! Ich muss echt abnehmen! Keine Churros mehr ab morgen!

Während also der Torero (namens Paolo) auf Zehenspitzen hinter den Stieren (die übrigens überhaupt nicht auf ihn achteten) herumtänzelte und mit seinem roten Fetzen herumwedelte (Stiere sind übrigens farbenblind und denen ist die Farbe des Tuches völlig egal), legte sich sein übergewichtiges Pferdchen in eine Ecke und schlief ein. Wir waren uns nicht mal sicher, ob es noch lebte!

Als ich schon glaubte, dass es nicht schlimmer werden konnte, kündigte der Moderator noch einen zweiten Torero an. „Na da bekommen wir was für's Geld geboten!", zischte Mama sarkastisch in Papas Richtung.

„Fast so viel wie bei dem Fußballspiel!", legte Ronnie noch gehässig nach! Der andere Torero, namens Manuel, ritt dafür auf einem extrem dürren Pferd herein. Der dicke Gaul vom ersten Torero hatte ihm anscheinend kein Futter übrig gelassen.

Dafür war Torero Manuel etwas, na wie soll ich es schonend sagen, ZU SCHWER für sein Pferdchen, dass sich in der Mitte völlig durchbog. „Armes Pferdchen!", riefen die Zwillinge als sie das dünne Gerippe sahen.

Als Manuel im Spiel war, machte er das selbe wie sein Kumpan, der Paolo. Beide tänzelten um die Stiere herum und der Moderator wiederholte dauernd wie gefährlich das war. „Achtung Kinder, so etwas dürft ihr zuhause NIEMALS nachmachen!", schrie er aus Leibeskräften!

Echt jetzt? Was soll ich denn da nachmachen? OMG! Dann war es unvermittelt auch vorbei. Die Toreros verbeugten sich, als hätten sie Applaus erwartet. Papa klatsche etwas halbherzig. Mama buhte - dafür von ganzem Herzen!

Die Stierchen Ernesto und Armando legten sich gemütlich neben den Pferden in den Schatten und machten ein Nickerchen.

„Jetzt stehen uns für ein Fotoshooting genauso gefährliche Stiere wie Armando und Ernesto (die waren angeblich ZU wild) im Stall zur Verfügung!", brüllte der Moderator ins Mikrophon, dass uns das Trommelfell fast platzte. Weil die Zwillinge noch nicht genug hatten, warteten wir geduldig in der Schlange hinter den Chinesen, bis wir dran waren. Alle anderen waren geflohen! Sogar das amerikanische Pärchen! Die Sonne schien erbarmungslos und der Hitzeschlag winkte uns schon zu! Die Zwillinge waren auf jeden Fall von den Fotos begeistert!

Ein angeblich echter Stier-Witz:
Sagt ein Stier zum anderen: „Mein Vater sagte zu mir – kurz bevor er ins Gras biss –, guck mal wie gut ich ins Gras beißen kann!"

Na ja, eigentlich nicht wirklich besonders lustig, oder?

So, und JETZT beschreibe ich euch, wie sich die Geschichte hätte abspielen KÖNNEN.
Nämlich Axel Style:
Ein wilder, verrückter Stier namens Witwenmacher wird in die Arena de la Muerte (Arena des Todes) hineingeführt. „Er frisst kleine Kinder zum Frühstück!", schreit der Moderator, noch bevor der Stier ihn frisst.

Dann wird der noch blutrünstigere Bruder des Stiers hineingeführt. Er heißt Cuernos del diablo (Teufelshörner) und frisst gleich den ersten Torero vor unseren Augen. Die Kinder schreien, die Mütter jaulen und den Männern sieht man die Angst in ihren weit aufgerissenen Augen an. Der zweite Torero reitet auf seinem wilden Hengst hinein. Die Stiere greifen sofort an und

> Asta la vista, du Weichei!

> HILFE! HILFE! Was hast du nur aus dem Stier gemacht, Axel?

verjagen das Pferd. Als nächstes ist der Torero dran, der durch die ganze Arena auf und ab gejagt wird, bevor er kniend und winselnd die Stiere um Erbarmen bittet.

Ich werde von den Stieren nach meinem Urteil gefragt und zeige mit dem Daumen nach ~~unten~~ OBEN (Erklärung wieso „oben" etwas später in Rom). Aus ist es für den Torero und als Strafe für sein Versagen, muss er die Ställe der Stiere bis an sein Lebensende putzen. So schaut eine echte Stierkampf-Geschichte (Ja Mama, du hast richtig gelesen – KAMPF!) aus. Nämlich Axel Style! Und wem es zu viel wird, der soll zuhause bleiben und sein Magertopfenküchlein löffeln. Das hier ist nur was für echte Helden! **UND AUS!**

KAPITEL 24: WIE MICH DER WEISSE HAI (FAST) GEFRESSEN HAT

Wir verbrachten heute den Tag am Meer. Am Strand wollten wir natürlich gleich alle schnorcheln gehen. Das Wasser war wunderbar still und klar und man konnte bis zum Meeresboden sehen.

Also raus aus den Sachen und ab ins erfrischende Nass. Während ich mir meine Taucherbrille aufsetzte, summte Ronnie die Musik vom Weißen Hai: „Tum., Tum Tum, Tum Tum Tum, TUM TUM, TUMMM!"

Schon hatte ich einen Bammel. Jetzt wollte ich nicht mal mehr in eine halbvolle Badewanne steigen ...

HAH, habe ich dich.! Das hast du dir nicht gedacht, oder?

Ich wollte Ronnie aber nicht gewinnen lassen, also ging ich langsam in´s Wasser und drehte mich nach jedem Schritt vorsichtig um. Bei jeder noch so kleinen Welle schaute ich genau nach.

Als plötzlich ein Mann im Wasser auftauchte, bekam ich fast einen Herzinfarkt. Er wirkte dann etwas beleidigt:

So arg schaue ich doch auch nicht aus. Chill, Axel!

Hilfe! Ein Ungeheuer!

Beim Schnorcheln ging mein Herz wie eine Lokomotive. Ich war mir sicher, das Geräusch meines pochenden Herzens würde die Haie SOFORT anlocken. Dann fiel mir noch ein, dass ich mich letzte Woche leicht in den Finger geschnitten

hatte. Was wäre, wenn ein Hai das noch riechen könnte? Inzwischen war ich mir auch sicher, dass erstens die Gewässer hier Haifisch verseucht waren und zweitens, dass jeder Fisch garantiert ein Hai war!
Mit Papas Spruch „Axel, du musst keine Angst haben. Du stehst nicht auf ihrem Speiseplan", konnte ich auch nichts anfangen. Missverständnisse gibt es immer!

Letztens im sehr beliebten Restaurant, McSharkolds:

Entschuldigung. Herr Ober, hier muss ein Missverständnis vorliegen: Menschen stehen eindeutig NICHT auf der Speisekarte! Naja, was soll's. Jetzt steht's schon am Tisch, da wäre es fast eine Verschwendung, wenn wir's NICHT essen ...

Nicht mal am Strand konnte ich mich richtig entspannen. Wer weiß, was Haie inzwischen alles können?

Jetzt brauche ICH einen Witz, um meine Nerven zu beruhigen:

Ein Hai löst Kreuzworträtsel. Er ist schon relativ weit, kommt aber an einer Stelle nicht weiter: Meeresraubtier mit 3 Buchstaben.
Da schwimmt ein Barakuda vorbei: „Hey, Barakuda – hilf mir mal. Kennst du ein Meeresraubtier mit 3 Buchstaben?"
Darauf der Barakuda: „Schau dich doch mal an, denk doch mal an dich!"
Darauf der Hai: „Achsoooo: Uwe!"
Irgendwie hat mich der Witz nicht entspannt!

KAPITEL 25: WO DER SCHOTTER DAHEIM IST

Motto des Tages: Ich stelle fest, dass Geld allein mich NICHT glücklich macht - es muss mir auch gehören!

Den heutigen Nachmittag haben wir in Monaco verbracht. Und ja, dieses Land ist so klein, dass ein Nachmittag völlig ausreicht. Das Fürstentum Monaco ist ein Stadtstaat und liegt am Mittelmeer. Das Fürstentum ist nach der Vatikanstadt der zweitkleinste Staat der Erde. Monaco zählt gerade mal rund 38.000 Einwohner.

Monaco war ein antiker Handelsplatz der Griechen, die hier einen Herkules-Tempel errichtet hatten, der bald den Beinamen Monoikos, „einzelnes Haus", erhielt, woraus später mal verkürzt Monaco entstand. Ziemlich spannend, hah?

Aber so klein wie das Land auch sein mag, so reich ist es.
„Komisch, wieso leben denn hier so viele reiche Menschen?", wollte ich wissen.
„Weil sie hier nur wenig oder GAR keine Steuern zahlen müssen.", antwortete Papa.

„Und was sie sich an Steuern sparen, geben sie hier für Autos, Jachten und Häuser aus."
Papa meinte:
Wie lernen Kinder von Millionären zählen?
„Eine Million, zwei Millionen, drei Millionen ..."
Und wie lernen sie teilen?
„Ein Teil ans Finanzamt, ein Teil an die Mitarbeiter, acht Teile an mein Bankkonto in Monaco ..."

Ich dachte Papa übertreibt, bis ich die ganzen Lamborghinis, Ferraris und Porsches sah. Und in der Mitte von all dem Protz: **Wir mit der Renate!**

Ronnie zog die Vorhänge schnell zu, damit uns KEINER sieht. Als wir dann Renate parkten, achteten wir alle darauf, uns möglichst schnell von ihr zu entfernen. Sogar Papa schämte sich etwas. Mama sagte so laut, dass es jeder hören konnte:
„Ts, Ts, was macht denn dieser dreckige Wohnwagen hier?

Als wir zum Hafen kamen wurde uns schnell klar, dass die ganzen Edelautos hier nur „Kleingeld" bedeuteten. Vor uns lagen die echt großen Scheinchen: Prunk Jachten soweit das Auge reicht!

> Ach Schnucki, hast du gesehen? Marcel de Montagnac hat sich **WIEDER** eine neue Jacht gekauft und die ist **EINEN** ganzen Meter länger als unsere! Wir müssen auch gleich eine noch längere kaufen!

„Teilweise kosten die Jachten, die hier anlegen, bis zu 500 Millionen Euro!" meinte Papa. Überall auf den Luxus-Booten bemühte sich das Personal in schicken, weißen Uniformen, den Jachtbesitzern jeden Wunsch von den Augen abzulesen.

In Monaco haben alle ihr Hobby – Männer beim morgendlichen Geld-Bad:

> JUHU!

In Monaco wollen alle ihren Reichtum dauernd herzeigen. Sogar beim „Hunde Gassi führen" trägt Frauchen ein Krönchen und passenden Schmuck:

> Oh, schaut alle her, wie reich ich bin!

> Nein, schaut mich an! Ich bin noch viel reicher!

Nachmittags-Beschäftigung: Mit dem „Schotter Schubkarren Rennen" Geld von einer Bank zur anderen bringen:

> ERSTER!

Irgendwie waren wir alle froh, als wir Monaco wieder verließen. In dieser Welt der Reichen und Superreichen haben wir uns nicht so besonders wohl gefühlt.

Klar, am Anfang war es echt beeindruckend, aber in DER WELT haben WIR nichts verloren. Es gibt auf dieser Erde so viel Armut und so viel Elend, dass mich diese Verschwendung und Geltungssucht echt anwidert!

Sorry, anders kann ich es nicht sagen. Und wenn ich damit die Gefühle eines Superreichen verletzt habe – naja – mit Geld lässt sich doch eh alles wieder heilen, oder?

Kennst du den?
Ein Mann will in einer Bank in Monaco Geld anlegen.
„Wie viel wollen sie denn einzahlen?", fragt der Kassier.
Flüstert der Mann: „Zehn Millionen."
„Sie können ruhig lauter sprechen.", sagt der Bankangestellte, „Armut ist doch keine Schande."

KAPITEL 26: BELLA ITALIA - WIR KOMMEN!

Heute haben wir es endlich nach Venedig geschafft. Die Stadt Venedig entstand auf mehr als 120 ehemaligen sumpfigen Inseln, die mit über 400 Brücken verbunden wurden. Weil der Boden so schlammig war, mussten Millionen lange Pfähle in den Boden getrieben werden. Solange die Pfähle unter Wasser sind, passiert ihnen auch nichts. Sie halten noch weitere Jahrhunderte ohne morsch zu werden.

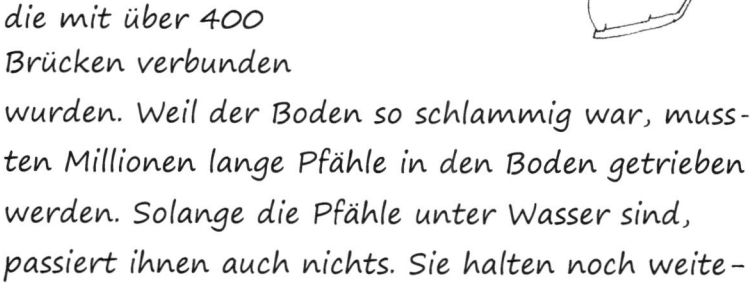

Was wohl nicht mehr so lange hält, ist die Stadt an sich. Venedig ist in den letzten Jahrzehnten um 20 Zentimeter gesunken. Mehrmals pro Jahr werden bei Hochwasser viele Gassen und Plätze überschwemmt.
Während UNSERES Besuches, war es aber brodelnd heiß und staubtrocken.

Venedig zählt inzwischen zu meinen Lieblingsstädten. Es gibt einfach SO viel zu sehen: Den

Canal Grande, den Dogenpalast, natürlich den Markusplatz (Piazza San Marco) mit dem Markusdom, Shoppen auf der großartigen Rialtobrücke für Mama und Ronnie, ...

Also liefen wir den ganzen Vormittag durch die Stadt, bis wir müde und hungrig waren. Dann fing das eigentliche Problem an: Wo sollen wir essen? Bei den ersten drei Restaurants, bei denen wir auf die Speisekarte schauten, dachte Papa, die hatten bei allen Preisen eine Null dazugeschrieben. Es war wirklich SEHR teuer, also liefen wir verzweifelt immer weiter.

Aber es half nichts, unsere Mägen knurrten wie wilde Tiere auf der Jagd. Nach jedem Speisekarten-Check wurde es schlimmer. Passanten drehten sich verwundert nach uns um. Wir hörten uns wie ein Rudel hungriger Wölfe an, die ihre Beute einkreisen.

Endlich fanden wir ein Restaurant in dem hauptsächlich Einheimische saßen und die Speisekarte nicht für Millionäre bepreist worden war. Obwohl wir unter uns gerade mal fünf italienische Wörter verstehen (davon ist eins Pizza, das zweite Spaghetti) bestellten wir NATÜRLICH alles von der italienischen Speisekarte. „Wir sind doch keine einfallslosen Touristen, die ein kindisches Bildermenü benötigen!", meinte Mama.

Als wir dann gefühlte 17 Stunden (in Wirklichkeit echte magenknurrende 1 ½ Stunden) später endlich unser Essen serviert bekamen, war die Überraschung komplett.

Kurz noch ein Witz:
Ein ungeduldiger Gast beschwert sich beim Wirt: „Ich habe jetzt schon mindestens zehnmal ein Schnitzel bestellt! Wie lange dauert es denn noch?"
„Tut mir Leid, mein Herr, aber bei solchen Mengen dauert es eben etwas länger!"

Also Ronnie hatte Nudeln mit Tomatensauce bestellt - sie bekam einen Muscheleintopf!

Mama und Papa hatten beide Lasagne bestellt, bekamen aber dafür einen großen Fisch mit Gemüse. Die Zwillinge statt Pizza einen Thunfischsalat und ich eine Meeresfrüchteplatte. Anstatt Spaghetti!

„Vielleicht hat uns das Restaurantschild - **Ristorante Luigi. Fisch, Fisch und noch mehr Fisch** - doch etwas sagen wollen?", meckerte Mama los.

Ich glaube der Koch hat einfach zu viel Fisch und Meeresfrüchte übrig gehabt und dachte sich, den naiven Touristen kann man alles andrehen. Er hatte auch Recht! Wir haben uns natürlich gar nichts sagen getraut.

„Vielleicht haben wir so schlampig gesprochen?", meinte Mama.

„Vielleicht nicht richtig auf die Speisekarte hingezeigt?", sagte Papa.

Und eins müsst ihr wissen: Wir experimentieren eigentlich recht ungern beim Essen. Aber wir hatten schon so einen Hunger, dass wir alte Schuhsohlen gegegessen hätten!

Also fing ich an, in meinem Essen hin und her zu stochern. Ich hatte noch nie Meeresfrüchte gegessen und muss zugeben, ich wusste eigentlich nicht mal wirklich was die genau waren. Als ich klein war, dachte ich noch, dass sind irgendwelche Früchte die im Meer wachsen. So wie Wasserorangen. Was – gibt´s nicht? Ja, lacht nur, ich wusste es wirklich nicht besser! Warum hatten die auch so eine blöde Bezeichnung? Jetzt weiß ich es! Es sind halt Krebse und Garnelen und sonstige Meeresspinnentiere und Tiere mit Tentakeln. Weil man nicht gerne Spinnen isst und sich Tentakeln nicht so gut auf einer Speisekarte lesen, nennt man sie halt Meeresfrüchte. Oder würdest du zuschlagen bei „Kosten Sie doch heute ein paar Spinnenbeine, garniert mit langen schleimigen Tentakeln"?

Wenigstens keine Frösche dachte ich mir. Man muss ja positiv denken.

Weil ich so einen Kohldampf hatte, startete ich mit der Schlacht von Beinchen und Tentakeln auf meinem Teller. Ich packte eine Krebsschere und zog so lange hin und her, bis die Hälften auseinanderrissen und ein Stück davon Mama direkt ins Gesicht klatschte.

„Her damit!" knurrte ich. „Ich habe nichts zu verschenken!" Es war so wenig Krebsfleisch im Panzer drinnen und der Aufwand war riesig.

Als ich mich dann über die Garnelen hermachte, hatte ich schon mehr Übung. Ich hatte mir schon eine Serviette als Lätzchen angezogen und mein Hunger war nicht kleiner, sondern größer geworden. Ich hätte jetzt ALLES essen können.

Ich nahm meinen ganzen Mut zusammen und nahm mir dann die Tintenfisch-Tentakel vor. Sie waren so zäh, dass ich jedes Stück geschlagene drei Minuten hätte kauen müssen, bevor ich es gefahrlos schlucken konnte. Als mir das zu zeitaufwändig wurde, schluckte ich sie im Ganzen und hoffte nur, dass sich die Tentakel nicht an meiner Speiseröhre festsaugen würden.

Mama würgte inzwischen an einer Gräte nach der anderen und trank nach jedem Bissen Fisch ein halbes Glas Wein nach, weil der Fisch angeblich so trocken war. Papa ließ den Fisch ganz aus und trank nur noch Wein, davon aber kräftig! Seiner roten Nase nach zu urteilen, wurde er mit jedem Schluck beschwipster.

Die Zwillinge hatten sich auf das Brot gestürzt, das der Kellner gnädigerweise auf den Tisch gestellt hatte, kippten Cola dazu und fingen mit ihrem Rülps-Konzert an.

Ronnie hatte irgendwie nicht mal mitbekommen, dass sie eigentlich Muscheln aß und schmatze genüsslich vor sich hin. Sie hasst eigentlich alles, was aus dem Meer kommt! Mama und Papa klärten sie nicht auf und ich wollte warten, bis sie fertig gegessen hatte. Dann würde ich ihr das natürlich unter ihre Nase reiben. Aber so was von unter ihre Nase!

Liebe Ronnie – die Qualle existiert seit 500 Millionen Jahren und überlebt ohne Gehirn. Das gibt so einigen Menschen Hoffnung.

Als der Kellner nach einer Ewigkeit zu unserem Tisch kam, fing er sofort an mit uns zu schimpfen. Wir hätten die Speisen vom Nachbartisch erhalten und gegessen und warum wir denn nichts gesagt haben?

Papa und Mama stotterten beschwipst vor sich hin und der Kellner schimpfte einfach weiter mit uns und klatschte Papa beleidigt die Rechnung auf den Tisch. Zum Glück waren meine Eltern schon so beschwipst, dass ihnen die astronomisch hohe Rechnung auch schon egal war.

Aber damit war unser Venedig-Abenteuer noch nicht vorbei und erreichte nun den nächsten Höhepunkt. Mit unserer Familie wird es halt nie langweilig!

Nach dem teuren Mittagessen entscheiden sich Mama und Papa, noch eine Fahrt mit einer echten Gondel zu machen. Weil es sich Mama schon wünscht, seitdem sie ein kleines Mädchen war.

Als wir dann in der Gondel saßen, wirkten die beiden recht glücklich und verliebt. Schon fing der Gondoliere an, ein italienisches Lied zu trällern und los ging die Fahrt.

Aber was Mama und Papa nicht berücksichtigt hatten war, dass sie gemeinsam eine GANZE Flasche Wein gekippt hatten. Dann war es auch schon zu spät! Mama wurde langsam ganz blass.

Papa war schon längst grün im Gesicht. Die Fahrt war aber erst los gegangen und wir hatten für eine halbe Stunde gebucht.

Hoffentlich übergibt er sich nicht in meiner frisch geputzten Gondel!

Wir versuchten dem Gondoliere klar zu machen, dass wir eigentlich abbrechen wollten. Wir sprachen aber wie gesagt kein einziges sinnvolles Wort Italienisch und er verstand entweder kein Deutsch oder er hatte sich bereits an grüne, brabbelnde Touristen gewöhnt und nahm sie nicht mehr ernst.

Dann kam noch der Kloaken-Geruch vom Kanal hinzu. Der verschlimmerte alles. Ronnie, den Zwillingen und mir ging es eigentlich soweit gut, nur Papa und Mama litten wie Seekranke. Dann hatten wir es schon fast überstanden: Der rettende Steg war schon in Sicht und der Gondoliere steuerte schon fest darauf zu.

Mama stieg als erste aus, dann wir Kinder. Aber als Papa dran war und aufstand, passierte es. Er musste sich plötzlich übergeben, schaffte es noch bis zum Bug des Bootes, stolperte aber dann über den Rand und fiel über Bord in das schmutzige Kanalwasser. 😂

Als er endlich über die Leiter aus dem Brachwasser herauskroch, roch er wie ein nasser Hund

und hatte außerdem auch einen Schuh verloren.
Echt großes Kino, Papa!

Papa selbst ging es aber soweit gut und die unfreiwillige Dusche hatte ihn erfrischt. Er war halt nur klitschnass und stank etwas nach Kanal.
Papa meinte, ER würde nichts riechen.

Papa, du stinkst ... (kleine Pause) ... nicht ...
(kleine Pause) ... sagst du.

Damit wir unseren Trip deswegen nicht abbrechen mussten, entschieden wir schnell in den nächsten Laden zu hüpfen, um Papa neue (aber hauptsächlich trockene) Kleidung zu kaufen.

Weil Karneval in Venedig so richtig intensiv gefeiert wird, waren wir in einem Karnevalgeschäft gelandet und Papa konnte eigentlich nur zwischen verschiedenen Verkleidungen wählen.

Als er sich beschweren wollte, zischte Mama er soll sich nicht so anstellen. Schließlich wäre ER ja mit seiner Kleidung schwimmen gegangen! „Jetzt musst du es auch ausbaden!", sagte sie grinsend und freute sich über den Wortwitz!

Papa fand ein verstaubtes Rockband-Kostüm, das im hintersten Regal übrig geblieben war. Dann versuchte er, es uns schmackhaft zu machen: Wir sollten doch ALLE so ein Kostüm kaufen und im „Partner Look" gehen. Als „Familien Rockband!"

Mama lachte nur kurz und das Thema war vom Tisch. Aber weil Papa ja in der letzten Zeit wieder zugenommen hatte, war ihm dieses Kostüm zu eng. So sehr er sich bemühte, er passte nicht hinein.

Dann brachte die Verkäuferin das letzte Kostüm, das es noch für Papa gab. Wir brüllten vor Lachen! Mama ist vor lauter Lachen, das soeben getrunkene Mineralwasser durch die Nase geschossen.

Unbeschreiblich! Ohne Worte!

Als wir den Laden verließen, hätte ich mir dann doch am liebsten ein Loch gebuddelt und mich darin versteckt. Alle, aber auch

wirklich ALLE drehten sich nach Papa um. So
wird mir Venedig immer in Erinnerung bleiben.
Papa, wie er im Venediger Karnevalskostüm vor-
anschreitet und wir mit Sicherheitsabstand hinter ihm hertrotten und so tun, als würden wir
ihn nicht kennen.

Ganz unter dem Motto: Wenn jeder an sich
denkt, ist an alle gedacht. Sorry, Papa!

> Was habt ihr denn?
> Schaut doch gut aus!
> Während Corona sind wir
> doch ALLE so herum
> gelaufen!

Tagebuch-Nachtrag:
Ronnie musste heute Abend ins Gefängnis. Es fiel
ihr nicht gerade leicht. Sie hat mit jedem Streit
angefangen, der auch nur EIN Wort sagte. Dann
randalierte sie noch im Hotel.
Ich glaube wir spielen NIE wieder mit ihr
Monopoly.

KAPITEL 27: ICH FINDE ES AUF JEDEN FALL LUSTIG

Letztens bin ich über das Wort „Alpenostrand" gestolpert. Habe eine geschlagene Minute gebraucht, um es richtig zu lesen und zu verstehen.

Da ist mir aufgefallen, dass es einige solche Worte gibt, bei denen man Probleme hat, sie zu lesen. Häufig ergibt sich eine ungünstige Sil-ben-trennung, was zu lustigen Ergebnissen führen kann.

Die Auflösung, wie die Worte richtig ausgesprochen werden, findest du ... gar nicht. Echt jetzt – streng dich gefälligst etwas an!

Axels Tipp: Lies die Worte laut vor. Dann wird es leichter. Na gut, bei manchen gebe ich dir einen Tipp, was es NICHT ist! Viel Spaß!

- Altbaucharme - nicht Altbauch-Arme
- Baumentaster, nein, kein Baumen-Taster
- Blumentopferde – es sind keine Blumento-Pferde
- Discounterpreise – nein, keine Disco-Unterpreise

- Enterbender — da kommst selber drauf
- Erblasser — da auch
- Hinsterbender — und ein Hinster-Bender gibt es meines Wissens nicht!
- Hochentaster — es ist kein Hochen-Taster
- Hoffensterchen — echt cool!
- Kreischorverband - nicht Kreisch-Or-Verband, probiere es nochmal!
- Ministereoanlage - nicht Minister-Eo-Anlage, was soll eine Eo-Anlage sein?
- Mussehe - eine Mus-sehe?
- Nachteilzug — nicht Nachteil-Zug
- Rohrohrzucker- nicht Rohr-Ohrzucker, was soll ein Ohrzucker denn sein?
- Rotzeder - nicht Rotz-Eder. Obwohl ein Eder der immer nur rotzt, wäre dann doch ein Rotz-Eder ...
- Schweinelende - nicht Schwein-Elende!
- Spurrillen - recht einfach.
- Staubecken — nicht Staub-Ecken
- Stiefenkelchen — nicht Stiefen-Kelchen
- Tangente — keine Tang-Ente
- Tathergang - nicht Tather-Gang
- Torflaute — keine Torf-Laute
- Urinsekten — keine Urin-Sekten. Wääh!

- Urinstinkt – auch kein Urin-Stinkt!
- Wachstube – eine Wachs-Tube – echt jetzt? Obwohl – vielleicht gibt's ja so etwas ….
- Zwergelstern – und nein, einen Zwergel-Stern gibt es auch nicht

Falls ihr weitere gute Vorschläge für mich habt, könnt ihr sie mir jederzeit auf axels-reisetagebuch.com mitteilen.

Na, Probleme bei der Rechtschreibung? Ich kann dir das Wörterbuch empfehlen. Das mir auch sehr **gehelft.**

Kennt ihr die schon?
Fragt der Vater seinen Sohn: „Und, habt ihr auch was Schönes in der Schule gelernt?"
Sagt der Sohn: „Mathe und Deutsch sind meine drei gutesten Fächer."

Die Lehrerin fragt: „Benni, was ist Rechtschreibung?"
Benni: „Ich habe keine Ahnung, ich bin Linkshänder!"

KAPITEL 28: SCHLAFEN IN … KEINE AHNUNG WIE DER ORT HEISST. IST AUCH VÖLLIG EGAL. ICH KOMME HIER NIE WIEDER ZURÜCK!

Letzte Nacht schliefen wir in einem Hotel. Falls man das WIRKLICH ein Hotel nennen kann! Die Übernachtung war auch nicht ganz freiwillig. Papa hatte Renate aus Versehen falsch in einer Ausfahrt geparkt und die Polizei hatte gleich den ganzen Wohnwagen abschleppen lassen. Ich sollte wohl gleich dazu sagen, dass es eine Polizeiausfahrt war, die Papa da verstellt hatte!

„Ich wusste nicht, dass man Renate überhaupt abschleppen kann!", meinte Papa.
„Jetzt wissen wir es!", schnauzte Mama!
„Was es kostet Renate auszulösen, werden wir auch gleich wissen!", zischte sie vorwurfsvoll!

Kennst du den?
Wenn der Polizist sagt „Papiere" und ich sag „Schere", hab ich dann gewonnen?

Nur hatte die Behörde, wo Renate hingeschleppt worden war, bereits zu und wir wurden auf morgen vertröstet.

Also suchten wir nach einem Hotel in der Nähe und nahmen auch gleich das das Erstbeste, das wir fanden.

Es hieß „Zum Wilden ..." Der restliche Text am Hotelschild war nicht mehr lesbar. Wir rätselten viel herum. Mamas Vorschlag „Zum wilden Drecksloch" siegte!

Wenn ihr euch noch an die Pension Greta erinnert, dann war das damals im Vergleich zu diesem Hotel ein 5 Sterne Schuppen! Das Schlimmste war die Hitze. In dem Zimmer hatten wir sicherlich um die 50 Grad und kein Hinweis auf eine Klimaanlage. Es gab zwar einen Ventilator an der Zimmerdecke, nur drehte er sich nicht. Was bei einem Ventilator doch irgendwie wichtig wäre! Wir zogen uns soweit als möglich aus. Als Papa nur noch seine Unterhose anhatte war Schluss, meinte Mama!

Dann wechselten wir uns ab mit der Dusche, kaltes Wasser war ja ausreichend vorhanden. Bis Luigi vom Empfang bei uns anrief und meinte, wir sollen kein Wasser mehr verschwenden!

Sie hätten Wasserknappheit! Auch hier hatten wir alle gemeinsam nur EIN Zimmer. Schuld daran war Mama: „In diesem Hotel lasse ich die Kinder sicherlich nicht ALLEIN in einem Zimmer schlafen! Wer weiß, ob sie am nächsten Morgen noch da sind!"

Also legten wir uns in die total ekligen Betten und versuchten zu schlafen.

Kennt ihr den?
Ein Gast im Hotel zum Zimmermädchen: „Wann wird hier eigentlich die Bettwäsche gewechselt?" Zimmermädchen: „Keine Ahnung, ich arbeite erst seit 3 Monaten hier."

Ich zählte Risse und Schimmelflecken an der Decke, bis ich endlich einschlief. Dann weckte mich ein Kratzen und Schaben, dass aus dem Badezimmer kam. Auch Mama war wach und hatte es gehört. Ich glaube, sie hatte so viel Angst in dem Zimmer ein Auge zuzumachen, dass sie sich entschieden hatte, die Nacht GAR nicht zu schlafen und durch zu machen. Dann hörten wir es wieder. Mama machte ihre Taschenlampe am Handy an und leuchtete vorsichtig ins Badezimmer. Da huschte plötzlich etwas Großes und Wuscheliges über den Badezimmerboden und verschwand im Kanalabfluss.

Mama schrie, ich schrie noch lauter. Als wir uns dann versammelt (die Zwillinge schliefen natürlich weiter) auf Zehenspitzen mit Schuhen bewaffnet ins Bad trauten, schaute eine Ratte aus dem Kanal raus, winkte uns nochmal kurz frech zu und verschwand wieder.

> He, Axel. Du musst mal chillen! Ich bin´s doch nur! Es sind übrigens siebzehn Schimmelflecken und dreizehn Risse. Habe sie gestern schon gezählt!

Papa schimpfte „So, jetzt reicht´s!", und rief unten beim Empfang an. Luigi verstand aber unser Problem nicht und meinte, wir sollen das nicht so ernst nehmen. Es wäre doch NUR eine Ratte. „Die Ratte habe ich schon oft in Ihrem Zimmer gesehen und Pablo benannt. Pablo ist doch eine

NETTE Ratte – er hat euch doch zugewinkt, oder?", ergänzte er. Dann meinte er, wir hätten ihn wegen dieser Kleinigkeit VÖLLIG umsonst geweckt und sollen ihn doch bitte jetzt in Ruhe schlafen lassen. Es war Mitternacht – jetzt noch ein anderes Hotel zu suchen, noch dazu mit den tiefschlafenden Zwillingen, wäre unmöglich gewesen. Also legten wir uns wieder ins Bett und bewaffneten uns mit Schuhen, Kleiderhaken und allem möglichen, was wir in dem Zimmer noch fanden. Dieses Mal ließen wir das Licht an und keiner machte ein Auge zu.

Heute lösten wir gegen ein Erpressungsgeld Renate aus und ich kann euch gar nicht beschreiben, wie glücklich wir waren als wir sie wieder hatten. RENATE – WIR LIEBEN DICH!

Zum Abschluss noch ein Witz:
Der Hotelier zum abreisenden Gast: „Nicht wahr, Sie empfehlen mich doch in Ihrem Bekanntenkreis weiter?"
„Ja, sehr gerne, nur weiß ich im Moment niemanden, gegen den ich etwas habe."

KAPITEL 29: SPEEDY UND ROCKY

Dieses Kapitel möchte ich unseren beiden neuen Familienmitgliedern widmen. Die Zwillinge wünschen sich schon seit langer Zeit ein Haustier und seitdem die Verräterin Mimmi uns verlassen hat, hängen sie Mama und Papa damit JEDEN Tag in den Ohren.

Täglich ist es ein anderes Haustier. Oder einfach IRGENDEIN Tier, es muss kein klassisches Haustier sein!

Bitte Mama, eine Katze, bitte, bitte. Bitte Papa, ein Huhn, bitte, bitte, bitte! Bitte Mama, ein Lama, ein Ochse, ein Puma, eine Schlange, ein Gecko, bitte, bitte ein Schwein, ein Krokodil, ein Piranha, eine Maus, ein Wellensittich, eine Heuschrecke, ein Affe (womit sie den kleinen Jungen vom Nachbar-Wohnwagen meinen, der wie ein kleines Äffchen aussieht), ...

Auch wenn's gar nicht dazu passt:
Der kleine Junge im Nachbar-Wohnwagen hat ziemlich große Zähne.
Sagt er zu seiner Mama: „Alle sagen, ich habe so

lange Zähne."
Mama: „Shhhhh, sag doch sowas nicht. Du zerkratzt mir noch unseren ganzen Fußboden."

Kennt ihr den?
Eine Frau steckt sich 2 Soletti in ihren Mund und sagt zu ihrem Mann: „Schau, ich bin ein Walross!"
Sagt der Mann: „Ja, stimmt. Mit 2 Solleti im Mund!"

So geht es jeden Tag weiter und jetzt, wo die Zwillinge bald Geburtstag haben, ist das Thema „Haustier" zum Dauergesprächsthema geworden. Bis Mama und Papa endlich aufgaben ...

Heute hatten sie nun Geburtstag und bekamen zwei liebe kleine Schildkröten geschenkt. Ich muss zugeben, sie sind echt super süß und wir haben sie sofort ins Herz geschlossen. Außer natürlich Ronnie, die gleich von einer der Schildkröten gebissen wurde.

Speedy heißt so, weil er für eine Schildkröte doch ein beachtliches Tempo drauf hat, wenn er irgendwo etwas zum Beißen findet. (Zum Beispiel Ronnie in den Finger!) Er hat dauernd Hunger und ist ständig auf der Suche nach Essbarem! Rocky dagegen, könnte jederzeit mit einem Stein verwechselt werden. Er bewegt sich nämlich ÜBERHAUPT nicht. Also Rock für Stein und nicht Rocky für Boxer – da muss ich euch leider enttäuschen!

> He Axel, dass du mich faul nennst ist unfair. Ich hab doch nichts gemacht!

So stellen sich die Zwillinge ihre zwei neuen Freunde vor:

> UMARMUNG?

So sieht Speedy aus wenn er aus Versehen auf dem Rücken landet. Rocky lässt das völlig kalt, er schläft einfach weiter.

> He, lass mich doch nicht so liegen, Alter! Na gut, dann erzähle ich euch halt einen Witz: Eine Schildkröte wird von einer Gruppe Schnecken überfallen. Die Polizei fragt die Schildkröte am Tag darauf: „Können Sie beschreiben, was passiert ist." Die Schildkröte: „Keine Ahnung. Alles ging so schnell."

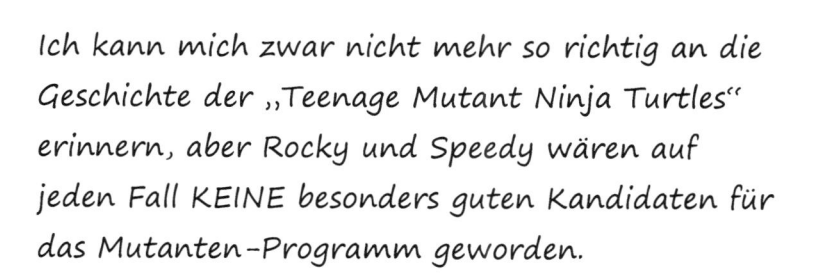

Ich kann mich zwar nicht mehr so richtig an die Geschichte der „Teenage Mutant Ninja Turtles" erinnern, aber Rocky und Speedy wären auf jeden Fall KEINE besonders guten Kandidaten für das Mutanten-Programm geworden.

Also wie gesagt, der eine denkt nur ans Futtern und der andere nur ans Chillen. Kein besonderer Kampfgeist!

So sähen die beiden aus, wenn sie zu Ninja Turtles mutieren würden:

> Na, wo gibt's hier was zu futtern?

> Mann, ich muss mal wieder etwas chillen. 23 Stunden Schlaf am Tag sind einfach noch zu wenig! Schnarch!

Wie ihr Leben mal aussehen wird? Speedy schlägt wahrscheinlich eine Karriere als Restauranttester ein und Rocky wird professioneller Matratzentester. Sein Lebensmotto: Chillen ist die Kunst, sich beim Nichtstun nicht zu langweilen!

Weil Schildkröten so richtig alt werden, habe ich mir dann vorgestellt wie die beiden aussehen werden, wenn sie dann in Rente gehen. Rocky wird 90 Prozent seines Lebens verschlafen haben und wahrscheinlich noch richtig jung wirken.

Speedy und Rocky im Alter:

Alter, wieso bist du denn schon so alt? Mit 90 geht das Leben doch erst richtig los!

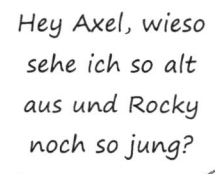

Hey Axel, wieso sehe ich so alt aus und Rocky noch so jung?

Sie wirken aber auf jeden Fall wie gute Freunde und vertragen sich prima. Nicht so wie die kleinen Goldfische, die ich als kleines Kind mal hatte. Die stritten sich immer, also mussten wir sie trennen.

Alter, ich glaube du solltest besser ausziehen!

Mache ich. Ich ziehe dorthin ins linke Eck! Und wehe du kommst nach! Klar?

Kennst du den?
Zwei Fische im Aquarium. Fragt der Eine: Wie fährt man eigentlich dieses Ding?

Hey, wo wir gerade bei den Schildkröten sind, da MUSS ich euch einen echt lieben Witz erzählen, den ich von den Zwillingen hab:

Drei Schildkröten sind zu einer Quelle unterwegs. Sie haben nämlich mächtig Durst. Sie laufen ein Jahr, zwei Jahre, drei Jahre und endlich kommen sie zur Quelle. Gierig wollen sich die ersten beiden Schildkröten auf das Wasser stürzen, da merkt doch die dritte, dass sie ihre Trinkbecher vergessen haben.

„Ach, komm schon, das ist doch egal!", sagt die erste Schildkröte.
„Ich habe so einen Durst!", meckert die zweite Schildkröte.
„Nein, nein, nein", sagt die dritte Schildkröte, „also ohne Trinkbecher, das geht doch wirklich nicht! Wo bleiben denn da die Manieren?! Passt auf, ihr wartet hier und ich gehe zurück und hole unsere Trinkbecher!"

Die anderen müssen sich wohl oder übel darauf einlassen, setzen sich auf einen Stein und warten. Sie warten ein Jahr, zwei Jahre, drei Jahre …

Da hält es die eine Schildkröte nicht mehr aus und sagt zur anderen: „Mir ist jetzt alles egal, ich halte es nicht mehr aus. Ich MUSS jetzt etwas trinken!"

Sie geht zur Quelle und gerade als sie einen Schluck nehmen will, kommt die dritte Schildkröte aus einem Busch und sagt: „He, also wenn ihr schummelt, gehe ich gar nicht erst los …"

Grandios, oder? Hab ich's gesagt oder hab ich's gesagt?

Ein kurzer geht noch:
Zwei Schildkröten gehen über die Landstraße. Da sagt die eine zur anderen: „Hey, schalt mal einen Gang runter. Da vorne ist eine Radarfalle!"

KAPITEL 30: EIN TAG AM STRAND

Heute fuhren wir wieder mal ans Meer. Mama hatte den Strand ausgewählt, weil sie in ihrer Kindheit mal da gewesen war und der Strand super für kleine Kinder geeignet ist. Da die Zwillinge keine besonders guten Schwimmer sind, war ihre Entscheidung schnell getroffen. Wir anderen waren nicht gerade so scharf drauf.

Als wir uns endlich vollgepackt durch die Touristen-Shoppingmeile gequält hatten (Ronnie: „Schau Mama, hier könnte ich es ewig aushalten!"), fanden wir ENDLICH den Strand.

Es hatte inzwischen über 40 Grad im Schatten und von Schatten war hier sowieso weit und breit keine Rede. Außer unter den 100.000 Sonnenschirmen, die reihenweise aufgestellt waren.

Aber DIE waren ALLE besetzt und an einen eigenen Schirm hatten wir nicht gedacht. Also legten wir uns auf den einzigen freien Platz weit und breit zu den tausenden anderen schwitzenden, halb durchgegarten Wahnsinnigen.

Sagt ein Hai zum anderen, als sie die Sonnenanbeter am Strand brutzeln sehen: ,,Du, jetzt müssen wir schnell sein, bevor uns das Essen anbrennt!"

Es war so eng, dass mir der Badetuchnachbar seine Zehen in die Nase schob, wenn er sich ausstreckte. Was er auch ständig tat!

Da es auch keinen freien direkten Weg zum Meer gab, liefen alle kreuz und quer über unsere Badetücher hinweg.

Als ich meine Badehose anziehen wollte, fand ich sie nicht. Mama hatte vergessen, sie einzupacken! Und so blieb mir nichts anderes übrig, als mir eine Ersatzbadehose der Zwillinge auszuborgen, die natürlich VIEL zu klein war.

Als ich mich beschwerte, meinte Mama, ich könnte mir auch einen Badeanzug von ihr ausborgen, wenn ich ein Problem hätte!

Ich hatte dann doch KEIN Problem mehr damit!

Alles war voller ganz feiner Sandkörnchen. Ich hatte Sand überall, in der Nase, in den Augen, im Mund, in den Haaren, in der Badehose und im ... na was fehlt denn noch? Als wir uns dann mit Sonnencreme einschmieren wollten, kratzte der Sand wie Schleifpapier auf der Haut.

Als ich mit den Zwillingen ins Meer ging, hatte das Wasser Badewannentemperatur. Überall saßen, lagen und spielten kleine Kinder im seichten Wasser und dann kam es mir:
Wo gehen die eigentlich denn alle auf's Klo?
Na, ins Meer natürlich!
Ich entschied mich also ins tiefere (hoffentlich weniger verseuchte) Wasser zu waten, aber nach so 50 Meter gab ich auf: Das Wasser reichte erst bis zu den Knien und war immer noch warm und sumpfig.

Da ich inzwischen schon überall dort, wo die Sonnencreme nicht gegriffen hatte, rot wurde, ging ich wieder zurück zum Strand, zog mir was an und versuchte mit den Zwillingen eine Sandburg zu bauen. Wir gaben dann endgültig auf, weil die Leute uns dauernd durch die Burg liefen und alles zerstörten. Dann bemerkte ich ein hübsches Mädchen, das auf meine kleine rote Badehose starrte und dabei lächelte. Wie peinlich! Diese blöde Badehose!

Übrigens, was ist Mut?
Wenn du, nur mit einer Badehose bekleidet, ins Kino gehst.
Und was ist Übermut?
Wenn du die Badehose an der Garderobe auch noch abgibst.

Am Platz packte Mama Sandwiches aus. Leider waren die dann auch voller Sand. Wir hatten aber nichts anderes mit und trauten uns nicht mehr, unseren Platz zu verlassen, um essen zu gehen. Der Sand knirschte zwischen meinen Zähnen.

Als Mama die Sandwiches dann auf die Decke legte, landete plötzlich eine Möwe direkt neben uns und versuchte unsere Jause zu klauen. Während Papa sie verscheuchte, landete bereits eine andere auf unserer Decke, packte Papas Geldbörse und flog damit weg.

Hat sie diese mit einem Sandwich verwechselt oder wollte sie sich ein neue Taucherbrille kaufen? Oder MIR eine neue Badehose, weil sie es einfach nicht mehr aushielt?

Schreiend rannten Ronnie, Mama und ich hinter der Möwe her, konnten den diebischen Vogel allerdings nicht mehr erwischen. Da drehte sie eine Runde, ließ die Geldbörse über dem Wasser fallen und flog anschließend wieder Richtung Badetuch, wo sie dieses Mal unsere ganze Sandwichbox mit ihrem Schnabel griff und weiterflog.

Die Geldbörse war also nur ein Ablenkungsmanöver gewesen und wir sind darauf reingefallen!

He! Schaut euch mal die Sandwiches an, die sie uns mitgebracht haben. Ist das nicht nett? Also nehmen wir Plan Nr. 17, oder?

Als wir keuchend wieder bei unserem Platz ankamen, hatten unsere „ach so netten" Nachbarn unser Badetuch auf die Größe eines Taschentuchs zusammengeschoben.

Wir packten gerade all unsere Sachen zusammen, als das hübsche Mädchen plötzlich vor mir stand und mir Papas Geldbörse entgegen streckte.
„Gehört die euch?", fragte sie und schenkte mir das schönste Lächeln.
Ich konnte nur noch nicken und „Ja, danke", stottern und schon war sie weg.

Als wir dann wieder beim Camper ankamen, merkten wir, dass wir alle einen fetten Sonnenbrand hatten. Die Sonnencreme war durch den Sand so verschmiert, dass unsere Haut überall mit roten Streifen und Flecken verziert war. Als hätte uns jemand ausgepeitscht. Außer Ronnie – die hatte einen Bräuner verwendet und sieht jetzt wie eine waschechte Indianerin aus. Wie adoptiert!

Papa: „Ronnie, ich muss dir was sagen. Du wurdest adoptiert."

Ronnie daraufhin: „WAS!? Ich will sofort meine echten Eltern kennenlernen."
Darauf Papa: „WIR sind deine echten Eltern! Und jetzt mach dich fertig, du wirst in 20 Minuten abgeholt."

Einen Witz hätte ich noch:
Franz kommt in eine Taverne und trifft dort einen echten Piraten mit Holzbein, Hakenhand und Augenklappe. Total fasziniert fragt er ihn, wie das alles passiert ist.

Pirat: „Dann hör mal zu, du Landratte! Mein Bein verlor ich durch eine Kanonenkugel und meine Hand habe ich beim Entern verloren."
Franz: „Und was ist mit deinem Auge passiert?"
Pirat: „Da hat mir' ne Möwe reingeschissen!"
Franz: „Ja, aber davon verliert man doch nicht direkt ein Auge?"
Pirat: „Naja, ich hatte den Haken doch erst EINEN Tag ..."

KAPITEL 31: WENN MAN MAL MUSS ... TEIL 1

Da wir so viel unterwegs und oft auf öffentliche Toiletten angewiesen sind, werde ich diesem Thema ein EIGENES Kapitel widmen.

Das Kapitel sollte eigentlich „**Orte des Grauens, die es wirklich gibt**" heißen. Ich möchte euch aber euren Appetit für die nächsten drei Jahre nicht verderben und werde euch somit nur die **LUSTIGSTEN, Axels Top Five über's Stille Örtchen** mitgeben.

Viel Spaß damit!

1. Das Schild auf einem WC in Barcelona:

| Ganz falsch! | Immer noch falsch! | Schon besser! | Bravo! Jetzt machst du es richtig! |

2. Die Arbeitswelt der Bürsten:

Manchmal glaube ich, ich habe den schlimmsten Job auf der Welt.

Echt jetzt, Alter? Frag mich mal!

3. Das Leben kann manchmal echt kurz sein:

Ich muss dir was sagen: Das Leben ist echt kurz. Bis du schaust, ist alles vorbei!

Ach, so schlimm wird's schon nicht werden.

4. Wahrer Heldenmut:

> Glaubst du wirklich, dass der so groß sein muss?

> Ja, glaube mir, der MUSS so groß sein. Falls ich nicht mehr lebend da rauskomme, erinnere dich an mich und vergiss nicht, den Papagei zu füttern.

5. Auf der Suche nach dem ... Sinn des Lebens:

> Irgendwo da drinnen MUSS es doch sein ... Na warte, dich finde ich noch!

So, nun habt ihr den dritten Band durch und freut euch hoffentlich schon auf Teil 2 von **WENN MAN MAL MUSS**. Da könnt ihr in Band 4 weiterlesen und erfahren, warum Ronnie immer trockene Brötchen mit aufs Klo nimmt?

Was euch in Band 4 alles erwartet:
Pisa - schräger geht's nimma!
Die Camper Olympiade.
Wie man seine Geschwister reinlegt.
Wie Ronnie uns in Rom blamiert.
Überlebt Papa das Sandwich des Grauens?
Was sind eigentlich Mafia-Hühner?
Die entflohene Monsterboa.
Wie man seine Lehrer prankt!
Und vieles mehr!

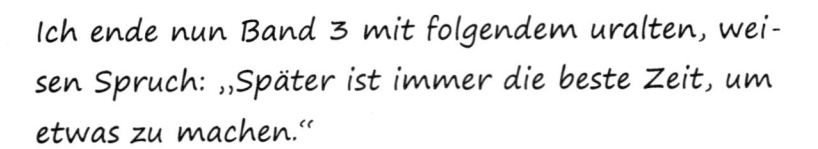

Ich ende nun Band 3 mit folgendem uralten, weisen Spruch: „Später ist immer die beste Zeit, um etwas zu machen."

Und wenn ich's sage, wird's schon stimmen!

BIS BALD - EUER AXEL

Über den Autor: Axel Ferentinos ist ein Pseudonym der Autoren Alexander und Dimitrios Ferentinos.

Dimitrios Ferentinos ist in Österreich geboren, in Tanzania, Ostafrika und Griechenland aufgewachsen und lebt seit über 30 Jahren wieder in Österreich. Er ist verheiratet und hat einen Sohn, Alexander.

Umschlag, Illustration: Dimitrios Ferentinos
Umschlag Bildmaterial: istock, pixabay
Illustrationen: Dimitrios Ferentinos
Verlag: Dimitrios Ferentinos, Ruhstetten 165,
A- 4223 Katsdorf

www.axels-reistagebuch.com
© 2022
ISBN: 9798354493104

Das Werk, einschließlich seiner Teile, ist urheberrechtlich geschützt. Jede Verwertung ist ohne Zustimmung des Autors unzulässig. Dies gilt insbesondere für die elektronische oder sonstige Vervielfältigung, Übersetzung, Verbreitung und öffentliche Zugänglichmachung.

Personen, Institutionen, Örtlichkeiten, Ereignisse und Handlung sind frei erfunden. Ähnlichkeiten sind rein zufällig und nicht beabsichtigt.

Alle Axels Reisetagebuch Bände:

Band 1 - Und los geht´s!
Band 2 - Geht´s jetzt endlich los?
Band 3 - Ich lebe noch!
Band 4 - Das glaubt mir keiner!
Band 5 - Was? Noch immer nicht vorbei?